Quand les cathédrales étaient peintes
大聖堂ものがたり
——聖なる建築物をつくった人々
「建築家が下劣な人間であれば、
崇高な建築物は決してできないであろう」
……深い教養を持つ知識人であり、
科学者であり、
名工でもあった建築家は、
建設現場の経験から専門的能力を育んだだけの
単なる大工とは、たしかに異なる存在であった。
アラン・エルランド＝ブランダンブルグ著
池上俊一監修
山田美明訳
「知の再発見」双書136
SG 絵で読む世界文化史

日本語監修者序文

池上俊一

ヨーロッパを旅すると，天を摩《ま》する大聖堂（カテドラル）が，いたるところで地域一帯のランドマークになっている。それは，ヨーロッパの大都市の結構が中世に形を整え，現在までずっと残っているという，都市の景観保存の公的方針の結果であるし，またもうひとつ，数百年かけて作られた巨大建築物への多くの人々の誇りがその大建築を守ってきた，という心性の問題でもある。

ヨーロッパの大都市の市民たちが，いかに心からの愛着を込めて「カテドラル」——これはフランス語で，イタリア語ならドゥオーモ，ドイツ語ならドーム——を口に上《のぼら》せるかは，私たち日本人にはなかなか測りがたいところがある。どんなに立派な神社やお寺，あるいは東京タワーのような高い建物であっても，大聖堂ほど広範囲の収斂作用，結合作用はあるまい。中世時代に「神の家」であった大聖堂は，まさに都市のど真ん中に鎮座する神聖な建物であるとともに，その無類の広闊《こうかつ》さによって，全市民が文字通り一所に集合し，神に祈りを捧げることのできる宗教施設であったのである。祝祭日ともなれば，堂内では司教が司式する大掛かりな典礼行事が行われ，その前に設《しつら》えられた広場では，有名説教師の教戒の声が朗々と響き渡った。まさに信仰篤き中世世界を象徴する建物であり，だからこそ，19世紀ロマン派の芸術家たちは，他の何にもまして大聖堂をその中世趣味のシンボルに掲げて，物語や絵画に頻々と登場させたのである。

さて，ヨーロッパ各地に大聖堂が建設されたのは，いわゆるゴシック時代であった。古く手狭になった旧建築を刷新すべく建て直されることが多かったので，むしろ再建と言うべきだろう。目を疑うような高さの大聖堂があちこちで建てられたこの時代には，身分が固定し領主が農民を搾取する動きの少ない農村世界が，貨幣流通・商品経済の発展で変容し，商人や職人が活躍の場を得られるようになった。彼らが集まって成立した自治都市が地域の経済を牽引するようになるだろう。ヨーロッパ中で人口が増加し，商業のみならず，学問・芸術・法律，あるいは信心業《しんじんぎょう》など，諸分野における飛躍的な精神運動が起きる。そうしたエネルギー溢《あふ》れる時代の潮流に乗って，大掛かりな新築・改築運動がなされたのである。

前の時代（ロマネスク時代）に主流であったのは，修道院建築や田舎の教会などに典型を見る，大地に根を張ったようなずっしりした様式（ロマネスク様式）の建物であった。ゴシック時代になると，前代とは打って変わって高さと明るさを追求し，そのための構造的・機能的な工夫をしたゴシック様式の建物が登場した。教会建築ばかりではない。都市においては，市庁舎，ギルドホール，貴族の邸館などの世俗建築も，尖頭《せんとう》アーチや高さを実現するための補強材（扶壁柱，飛び梁，交差リブ）を特徴とするゴシック様式で建てられたが，それらすべての建築群の頂点に位置するのが，中心広場に面して聳然《しょうぜん》と立つ大聖堂であった。ひとたびその内部に足を踏み入れれば，五彩のステンドグラスを通って差し込む，霊気を伴った神秘の光に全身，包まれる感動を，誰もが覚えたことだろう。

本書『大聖堂ものがたり』の斬新さは，こうした，「中世の奇跡」とも称することのできる大聖堂が作られた，まさに現場に立ち会って，それを逐一，著者とともに検証できるという点にある。

まず著者は，大聖堂が作られるにいたった経済・社会状況，木造建築から石造へと移る必要性とそれ実現した技術的快挙——橋梁《きょうりょう》から修道院建築，城砦，都市の一般家屋へと——を吟味した後，建築に携わった「人間」に注意を向ける。建築を最初に計画し大まかなプランを立てる建築主（個人，共同体，団体）と，その建築主の要望に応じて計画を作成し，図面を引いて建設する建築家の役割分担が，興味深い具体例とともに明らかにされている。12世紀から13世紀にかけて建築家の地位が一気に向上し，契約が明文化され，ついには知識人・科学者として特権的な地位を手に入れるプロセスは，一篇の成功物語としても読める。教会の迷路模様の敷石にその名前を刻印し，名誉を記念して建築物内部に当人の墓が作られる例も多いというが，建築家として有名になると勝手な振る舞いが目に余り，いくつもの現場を掛け持ちして欠勤することも多くなり，建築家と建築主の間に不信感も生まれる……というあたり，いつの時代にもありそうな話である。

本書の真骨頂は，第 3 章の「表現手段」と第 4 章の「建築現場」であろう。建築主を十分納得させ，建設現場に伝える詳細を指示するための図面・模型・資料の存在は，建築家の仕事の秘密を覗《のぞ》き見させてくれるし，建築現場に動員される木大工と石工の同業組合の専門分化，重い石材の運搬法，器械の改良と足場の役割の変化についての記述は，高度な作業がどのような創意工夫で可能になったかを教えてくれる。

同時代の勘定書や建築の手引き書の仔細な検討をもとに叙述が進められ，小さいながらも貴重な情報の詰まった本書には，美しくまた楽しい図版も豊富に付され，直感的な理解も進む。大聖堂をめぐる建築考古学というか，物質文明的アプローチというか，日本での紹介という意味では，まったく類書がない。「中世の奇跡」としてその偉業を褒《ほ》め称《たた》えられているヨーロッパの大聖堂が，ほんとうはいかに作られたのか，それが分る初めての書物を，是非《ぜひ》多くの人に読んでもらいたい。

ストラスブール大聖堂の正面中央の図面（p.13まで）

CONTENTS

大聖堂ものがたり

アラン・エルランド=ブランダンブルグ❖著
池上俊一❖監修

「知の再発見」双書136
創元社

❖「西暦1000年を過ぎて3年目になろうとする頃から，ほぼ至るところで，とりわけイタリアとガリアにおいて，教会の改築が行われ始めた。各教区は，他教区よりも豪奢な教会にしようと互いに競い合った。それはまるで，この世が身体を震って古びた皮を振り落とし，全身に教会という白いドレスをまとったかのようであった」……………………………

ラウール・グラベール『歴史』

第1章

新たな世界

⇦「ジラール伯夫妻による12の教会の建設」⇨「教会の建設」——建築に用いられるさまざまな専門技術に深い感銘を受けた中世の挿絵師たちは，一連の建築工程を作業のレベルを問わず，一枚の絵のなかにまとめて描こうとした。

略奪の時代の終わり

ノルマン人の侵略は，5世紀のゲルマン民族の大移動よりもはるかに多くの犠牲者を生んだ悲劇的な事件だった。見事に組織されたノルマン人たちが倦むことなく河川をさかのぼって繰り返し来襲し，略奪をほしいままにして人民を苦しめた。都市や修道院が包囲されると，包囲を解いてもらうために莫大な貢ぎ物を捧げなければならず，フランク王国の秩序を保とうとするカロリング朝の努力もすべて無に帰した。911年に締結されたサン＝クレール＝シュル＝エプト条約により，やがてノルマンディと呼ばれることになる土地をこの北方民族に割譲したのは，西ヨーロッパの歴史にとって決定的な出来事となった。

破壊者は建設者となり，ノルマン人はやがて当時最も先進的な国家を樹立すると，南イタリアやイングランドなど他地域の征服に乗り出していった。全ヨーロッパがノルマン人の洗礼を受けたこの頃から，ヨーロッパは驚くべき変貌を遂げ始めた。建築の分野において，いかなる文明にも例を見ない様相を呈し始めたのである。

中世建築物の爆発的発展

たしかにエジプトやローマは比類のない記念碑的建造物を残した。しかしエジプトでもローマでも，こうした大事業は「上から命令されて」生まれたものであり，一般人民の意志から生まれたものではなかった。

西欧世界は異なる様相を見せる。建設という創造行為はもはや政治権力だけのものではない。修道士や政治家，領

⇖「イングランドに上陸するバイキング」——帆と櫂を持つ，優雅で安定した底の浅い大舟を作り上げたことで，バイキングたちの機動力は大幅に上昇し，上陸して馬で急襲することが可能となった。

⇧15世紀後半のフランスの町ムーラン——中世の都市は急激な人口増加のために，都市の境界を示していた石造の城壁を越えて広がり，周辺部に大きな村落を生み出した。そうした村落は，農村的な雰囲気を残しつつ，宗教施設を中心に形成されていった。

主や農民など，あらゆる人々のものとなった。建設行為は都市計画や土木事業に始まり，豪奢な世俗建築物から宗教的な建築物に至るまであらゆる分野に及び，都市でも田舎でも盛んに建設が行われた。

当初，新たな建築物は，古代ローマ時代の規格に従って造られていたが，やがてその規格を凌駕していった。例えば，古《いにしえ》の市街地を守るために4世紀に建設された城壁は，増加の一途をたどる人口を収容するには狭すぎた。こうして中世の時代全般にわたって，建築物の修復・改築・拡張が絶え間なく行われた。

新たな世界

石造建築を主な特徴とする中世の社会は，史上唯一大きな人口変動を経験した社会でもある。ただし，この変動を正確な数値で表すことは難しい。10世紀から14世紀までの間にヨーロッパの人口が2倍になったという説もあれば，西暦600年に1470万人だった人口が950年には2260万人，ペストが大流行した1348年までに5440万人に増加したと詳しい数値を挙げる学者もいる（ラッセル）。また，14世紀初頭には7300万人いたと主張する歴史家もいる。

こうした人口増加は，互いに切り離すことのできない二つの事象と密接に関係している。農業の技術的発展および都市の勃興である。集中的な開墾作業は12世紀前半に頂点に達し，耕地面積が飛躍的に増大した。また同時期の農業生産高も，3年周期の輪作や，撥土板《はつどばん》付きの非対称鋤の開発により，2倍から3倍に増加した。馬の引き綱や肥料にまで及ぶ農作業の改善が，このような異例の人口増加を引き起こしたのである。

ただし，地域により，また領主の違いにより発展度の差は大きかった。

人口発展のもう一つの要素は都市である。それはもはや古の市街地とは趣を異にしていた。ローマ時代の市街地は何よりも政治的な側面が強く，民族間の接近，征服者と被征服者の融和を積極的に促進するためのものであった。ところが中世の都市は全く別の考え方に基づく都市である。中世の都市は何より自律共同的であった。ローマが行政府を城壁で保護するよう命じた４世紀に，かつての市街地は大きく様変わりし，中世の都市へと飛躍的に発展した。こうして都市は，単なる市街地から城市へと変貌したのである。

⇩「耕作の風景」――農作業を描いた絵も，建設現場を描いた絵と同じように多くの場面がいっしょに描かれている。15世紀初頭に描かれたこの一枚の絵のなかには，耕す，種をまく，刈る，脱穀するという4つの作業が同時に表現されている。挿絵師は，鋤《すき》の木製の骨組みと金属の部分とを注意深く描き分けている。

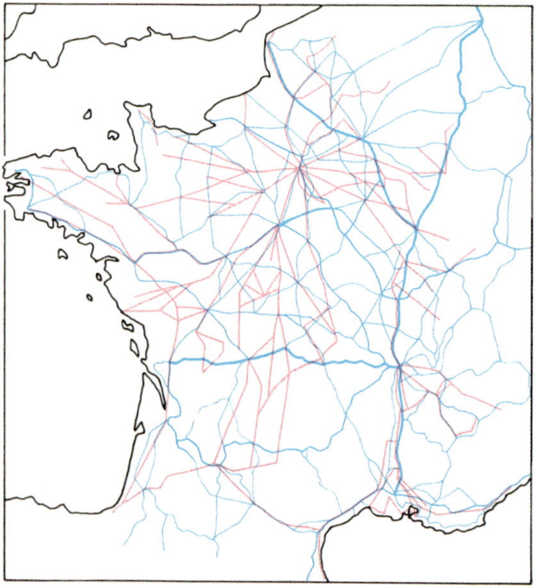

⇦フランスにおけるローマ時代の道路網（青）と16世紀の道路網（赤）──古代ローマの支配者が戦略的目的で作成した道路と16世紀の道路を重ね合わせて見ると，道路・橋，運河の掘削，河川の支配など，中世の間にフランスの社会的基盤に大変革が起こったことが分かる。

中世の都市

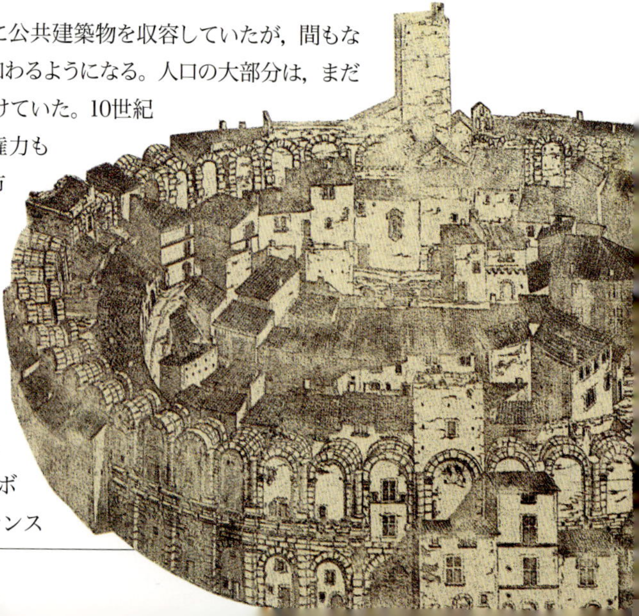

都市は当初，主に公共建築物を収容していたが，間もなくそれに大聖堂が加わるようになる。人口の大部分は，まだ城壁の外に住み続けていた。10世紀になると，世俗の権力も一般住民もこの城市を捨て，司教だけがそこに住み続けた。司教は終夜門戸を開き，数少なくなった住人の生活に注意を払っていたという。ある文献には，当時のボーヴェ（現在のフランス

北部の街）には50世帯，およそ300人しかいなかったことが記録されている。しかし11世紀の間に，その様相が一変する。もはやそれまでの土地では生きていけなくなった人々，新天地や一攫千金を求める人々が集まり，都市が誕生したり再生したりした。やがて四方八方から集まった人々の間に結びつきが生まれ，一種の都市貴族を生み出していった。

こうして生まれた連帯意識を通して，人々はこれらの都市を経済や商業の活動拠点にしようとした。都市と農村との関係は逆転して都市が重視されるようになり，農村は都市に生活必需品を供給する役目を負わされることとなった。都市は市場になり，出会いの場となり，やがて都市と都市の間に商業関係のネットワークが形成されていく。その結果，陸路や水路による交通網が形成され，古代ローマの軍用街道を補うように道路が整備されていった。新たな交通網は，商業上の必要や地形に応じて形成された。フランスの場合，交通網は当時フランス王国の首都となっていたパリへと集中した。水路についても，それまでほとんど開発されていなかった多くの河川が整備され，多くの富をもたらす基盤となった。

⇙「アルルの城砦」⇧「都市の風景」——アルルの城砦のように，改修されたり新たに建築されたりした城壁の内側では，職人の仕事と農村の仕事とが渾然となった生活が繰り広げられていた。城内に，牧畜に割り当てられた農業区域があることもまれではなかった。農業区域は，都市の活動と共存しながら，日々の暮らしの糧《かて》を供給した。15世紀以降になると，騎士の家など，高貴な人々が住む家屋が石造建築になる。

グレゴリウス改革

政治，農業，都市といった領域で起こった大変動に伴い，もう一つの領域，精神世界においても変動が起こった。修道士や一般信徒の要請に応えて，教会が自ら改革に乗り出したのである。この運動は，1073年に教皇になったグレゴリウス7世にちなんでグレゴリウス改革と呼ばれているが，実際はもっと以前から行われており，910年にベルノーがブルゴーニュにクリュニー修道院を創建したのが最初だと言われている。以後その運動はヨーロッパの全キリスト教世界に広まり，やがてまだキリスト教に染まっていなかった地域をも包み込んでいく。その目的とするところは，教会を俗人勢力から引き離すことにあった。在俗聖職者であれ律修院聖職者であれ，受けた影響は計り知れなかった。一部の律修聖職者は，使徒のような貧しい悔悛の生活を標榜して，新たな修道院を創設するに至った。グランモン会（1080年），カルトゥジオ会(1084年),シトー会(1098年),プレモントレ会(1120年）などである。

こうして西ヨーロッパはさまざまな面で変貌を遂げ，より公平な，より野心的な，因習にとらわ

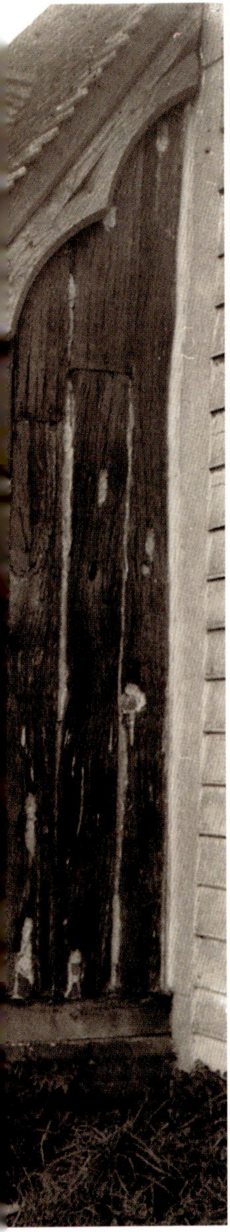

（⇦p.24）グリーンステッド教会の板壁⇦「教会の祝別」――9世紀から12世紀の間に，板を垂直に並べてつなぎ合わせる丸太組み教会の建築技法が発展した。壁は，端と端とを組み合わせた板で作られる。この技法はやがて，角に柱が存在するものとしないものとの2種類に分かれた。エセックス州にあるグリーンステッド教会の南側の壁（左図）は，前者に属している（建築物の他の部分は明らかに後世の手になるものである）。内側で多くの柱が建物の骨組みを支えている。この時代かあるいはもう少し後から，大きな建築物は石造になる。1060年代のものと思われる描画（右図）には，イングランドの大聖堂（おそらくウェルズ大聖堂と思われる）の聖別式が描かれている。石材間の目地を強調して，壁の下部が石材をきれいに並べて作られていることがわかるよう描かれている。

れない世界を作り上げていく。そのなかで人々は，戦う者，祈る者，働く者という3つの身分のなかから，それぞれの居場所を見つけていった。カロリング朝時代以後のこのような社会の急激な変化を底辺から支えていたもの，それは前例のない技術革新であった。その技術が最も生かされていたのが建築である。

石と木の弁証法

11世紀の社会は新たな必要に迫られていた。あちこちから今までにない要求が出て来たために，それに応じて建築物を再検討する必要があったのである。行政面では，新たな交通網の発達により，多くの橋を作る必要があった。軍事面では，自らの勢力を確保・拡大しようと図る大領主や中級領主の争いに応じなければならなかった。宗教面では，大聖堂や教会に新たな信徒を手厚く迎えるとともに，修道士が世俗から離れて祈祷生活に打ち込めるように新たな修道院を建設する必要があった。また同時に，快適・安楽な交通が新たに求められるようになった。その当時まで，宗教的建築物のように重要な意味を持つ建築物を例外として，建築物はすべて木造だったが，やがて少しずつ，速度にむらはあったが着実に木造から石造へと変わっていった。石大工が徐々に木大工にとって代わり，木大工の役割はだんだん減少していく。

封建領主の砦

初めて土と木材で作られた城砦が現れた時，その軍事的成功にヨーロッパは大きな衝撃を受けた。その建築は特別な知識を必要としない。円形プランの堀を掘った時に生じた土を真ん中に集めて，状況に合わせてさまざまな高さ，さまざまな直径の山を作る。その上に木造の「塔」

⇩アルボンの領主の砦――石と木の弁証法という言葉は，軍事的な建築物によく表れている。最初土の山の上に木造の建築物が建てられ，後にその座を石造建築物が奪ったからである。石造城砦は古代ローマ時代にもあったが，中世の石造城砦は正方形プランといい，高さといい，ほとんど窓のない壁といい，その形態は中世独特のものである。

を作り，山腹をとげのある植物で保護する。当時それが有刺鉄線の役目を果たしたのである。こうして作られた城砦は，11世紀に作られた有名なバイユーのタペストリーに描かれているいくつかの場面を見れば分かるように，実際問題としてそれほど安全であったわけではない。火炎弾を当てれば，容易に火をつけることができた。

⇧「サン＝ジェルマン・ドーセール修道院の包囲」 ⇙バイユーのタペストリー（部分）――西ヨーロッパには封建領主の砦があちこちに点在しており，なじみの風景となっていた。実際遠くからでもよく目についたはずである。ノルマンディ公ギヨームが1066年にイングランドを征服した史実を詳述したバイユーのタペストリーには，そのような砦の例がいくつも描かれている。特に，レンヌの街を攻撃したエピソードにそうした例が多い。砦の頂上に到達するためには，木製のはしごを掛けなければならなかった。上図のように包囲網は同心円状に作られ，塔が木造の場合は焼き払い，石造の場合は兵糧攻めにした。

石材による防御

居住用建築物が発展していく過程を見れば，石造建築が

徐々に増加していく様子がよく分かる。石造建築の増加は，防御の必要性が増大したことと密接な関係があったようである。11世紀中頃からは，石工の仕事が年代記に記載されるま

でになった。とはいえ初期の城館は，上記のような木造の塔そのままの長方形プランであった。ただし，すべてが昔のままというわけではない。それらは住居の代わりになるものであり，壮麗なホールや居住用の部屋を備えていた。しかし当時の城館は塔としての機能も兼ね備えていたため，形態も床面積も高さも，塔に準じる必要があった。

12世紀半ばになり，領主がこのような木造の塔を捨てて，より快適な住居に住むようになると，塔の目的は防御だけにかぎられるようになる。長方形プランは廃れ，集中式プラン(訳注：中心軸に対し軸対称な建築プラン。円形・多角形・ギリシア十次形などがある)がそれにとって代わった(プロヴァン，ウーダン，エタンプなど)。1190年代以降には，フィリップ2世時代の建築家たちが円形プランの塔を各地に広めた。この頃になると，木材が使用されることはほぼ完全になくなり，石材だけが用いられるようになった。厚い壁をくり抜いて造ったらせん階段，丸天井のホール，段状の上部構造を持った塔が作られるのはこれ以降である。

⇩「木橋の建設」——木造の橋の建設は，手早く終わらせることができたし，求められる専門家の数も比較的少ないという利点があったので，橋梁建築が木材から石材へすんなりと移行したわけではなかった。1944年，第2次世界大戦でヨーロッパに上陸したアメリカ軍が進軍のために利用したのも，このような木造の橋であった。

橋梁と交通——技術的快挙

木材から石材への移行は，行政の分野でも見られた。古代ローマ時代と異なり，カロリング朝の時代に建設された橋は一般的に木造であった。当時の文献には，バイキングの舟が河川をさかのぼってやって来るのを防ぐとともに，民間人や軍人が河川の横断に利用したこのような木造橋に言及したものがたくさんある。中世のほとんどの時代を通じて，橋はこのように二重の機能を果たしていた。

11世紀の間に，新たな商業網の形成を促すために，領地相互を結ぶ橋が無数に架けられた。しかし，これらの橋はすべてまだ木造であった。最初の石造の橋がいつ作られたのか特定するのは難しい。もっとも，橋に石材が使われた最も古い例はおそらく，橋床（訳注：橋上にかかる荷重を支持する部分で，床板と床組からなる）は木造のまま，橋脚（訳注：橋のアーチを支える土台）にだけ石材を使用したもので，それから徐々に全体が石造になっていったと思われる。木造の

⇩「橋の構想」——ヴィラール・ド・オヌクールの貴重な図面（13世紀）には，長さ17メートルの橋が描かれている。おそらく山間部の河川に架けた橋と思われる。これほどの長さの橋が架けられるようになったのは，石造の橋台の上に木造の橋床を置く方法を取ったからである。

⇦エロー川にかかるグール＝ノワール橋——石造の橋は，永久的なものを目指している。そのために，堅牢さ，耐久性，完璧に計算された構造を確保する熟練した技術が要求される。この橋は，1030年代にジェロンヌ修道院とアニアーヌ修道院とをつなぐために建設された。この時代に特徴的な小型の切り石が用いられ，アーチの迫石《せりいし》はすでに二重になっている。側部の水抜穴のアーチも同様である。

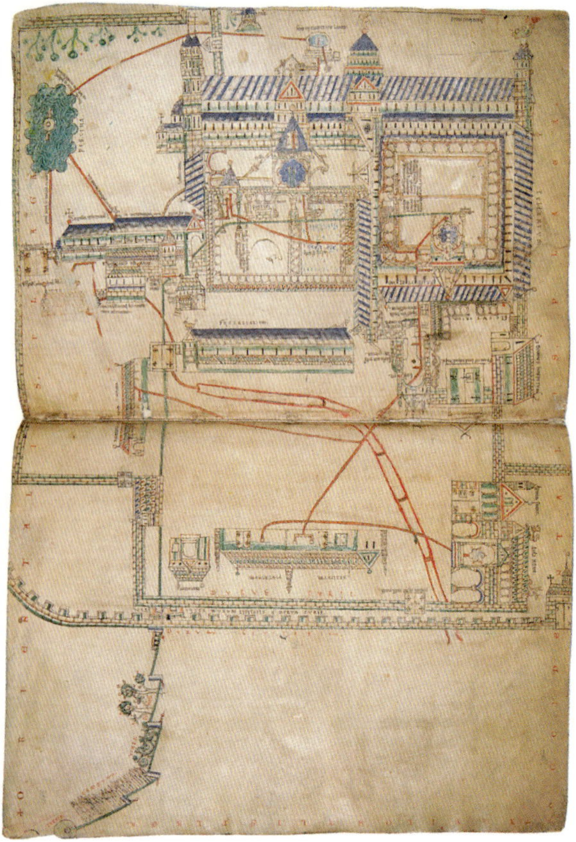

⇩聖ガレン修道院の平面図。⇦カンタベリ修道院の平面図——中世の建築家は，かぎられた空間内で大勢の人々が滞りなく生活できる場所を作る必要があった。9世紀初頭に，スイスの聖ガレン修道院再建のために作成された寸法なしの図面は，実生活と精神生活を両立・調和させるという難題に挑戦したものである。

聖ガレン修道院の平面図

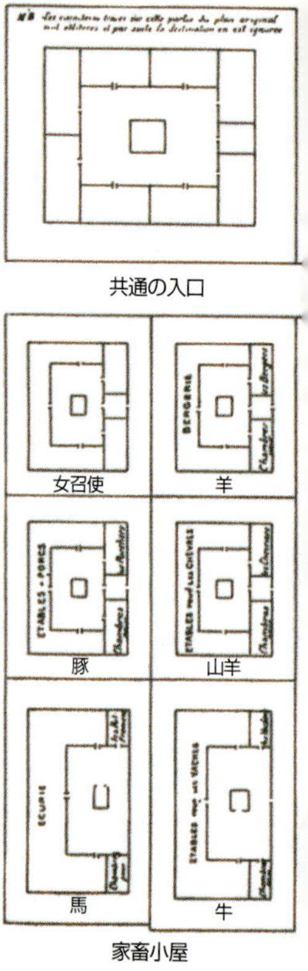

橋床は，建築は容易であったけれども，いくつか不便な点があった。維持管理が大変で，河川が増水した時には押し流されてしまうこともあったうえ，激しい交通量に対応できなかったのである。建築家たちが，その当時まだたくさん残っていた古代ローマ時代の橋を手本にしたことはまちがいない。13世紀の終わり頃には橋は一般的に石造となり，どっしりとした土台と，完璧に計算された構造を持つようになった。異常に水かさが増した場合に，石造橋が水路をふさいで周辺が冠水してしまうのを防ぐために，橋の上部に河水を通す

水抜穴も設けられた。カオールのヴァラントレ橋やアヴィニヨンのサン＝ベネゼ橋には，石造であるがゆえに生まれたこのような危険を回避しようとする建築家たちの苦労が見て取れる。木造の橋床は，大抵の場合水に流されてしまったため，かえって水路をふさいでしまう危険はなかったのである。

この設計者は，聖堂を中心とした古代ローマの一街区の設計図を基にしている。1150年代または1160年代頃のカンタベリ修道院では，敷地内に引いてきた水を循環させるという難題を解決しようとしている（左図）。

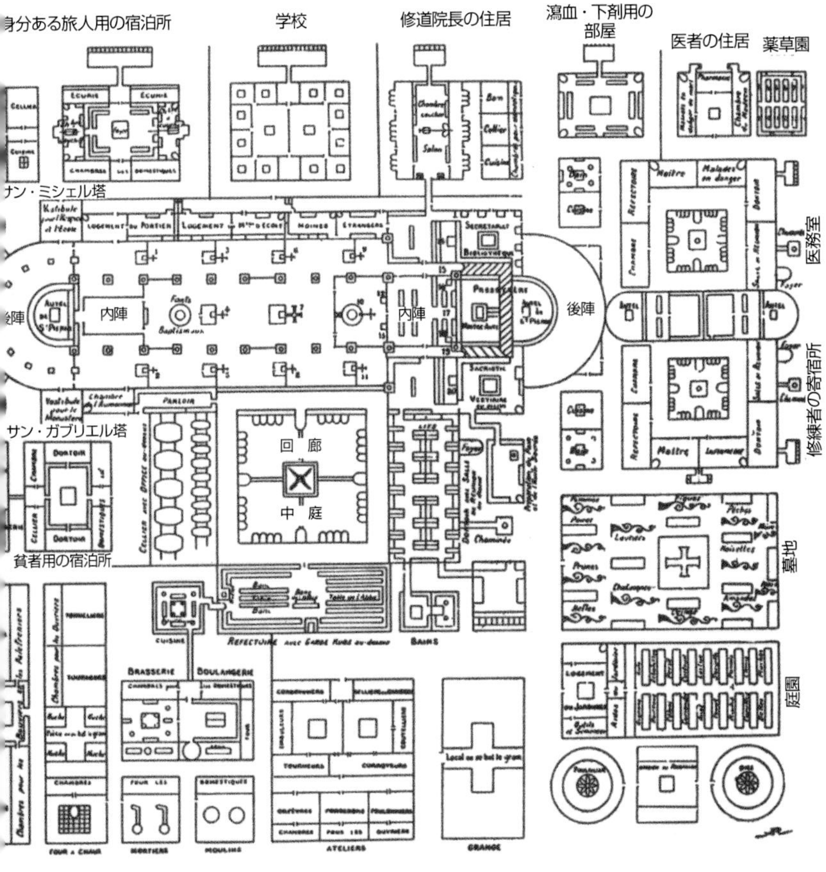

修道院建築

修道院建築の場合，修道院付属の教会は常に石造であったが，内部の身廊部分は木造で済ます場合もあった。9世紀初頭の修道院の理想的な配置を図示した有名な聖ガレン修道院の平面図には，石造の教会と木造の別館数棟が描かれている。11世紀になるとすでに，石造の別館が建設されている。クリュニー（ソーヌ＝エ＝ロワール県）に残る聖ユーグ（1049〜1109）の厩舎が有名な一例である。12世紀の間には，修道院内の建築物全体が石造になった。崇高な用途に用いられる建築物から卑賤な用途に用いられる建築物へと順に，木造から石造へと移り変わっていったのである。

⇧「塔の建設」——建築家たちの本領は城砦の建築で，非常に簡単な木製の足場を使って行われた。

拡大する都市——新たな城砦

こうした特徴は，都市建設にも影響を与えた。15世紀の居住家屋に最も多かったのは，基壇を石造で，上階を木造で建築するという方法だった。しかしそれ以前から，都市によっては建物の正面部を全面石造にするところもあった。クリュニー，プロヴァンの旧市街，ヴィヴィエなどには，12

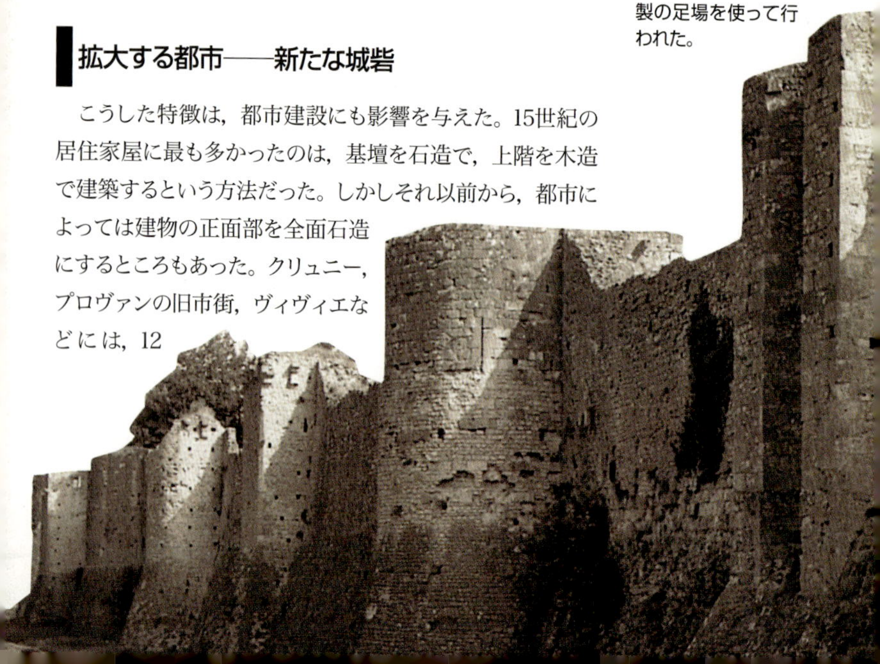

世紀当時のそのような建築物群が残っている。その頃になると大都市の周囲に，十分にゆとりを持った形で新たな城壁が建設され始めた。古代の城壁は，膨張しつつある人口を収容するには狭すぎたのである。城壁は，時には旧市街，隣接する大きな村，周辺に点在する村々を全体として一つの都市にまとめる役目も果たした（トゥールーズ，アラス，リモージュ，パリなど）。そこでも石材が，木造の城砦にとって代わった。1137年にウード3世がディジョンに建設した長さ2630メートルに及ぶ城壁がその好例である。パリではフィリップ2世が，まずセーヌ川の右岸側の工事（1190年）を，次いで左岸側の工事（1210年）を行い，最終的に253ヘクタールを囲む城壁を作らせた。

このような城壁はすべて見事な石造りであった。この頃からほとんどの都市が，その規模にかかわらず城壁で囲まれるようになったが，城壁の効

⇩プロヴァンの城壁――プロヴァンの旧市街を囲む城壁には，防御用の半円形もしくは多角形の塔が配置されている。背の高い斜堤（訳注：城壁下部前面に設けた斜面状の防壁。城壁下部にできる死角を防ぐ）は，城壁の土台の下に坑道を掘って城壁を崩す戦術を封じるためのものである。

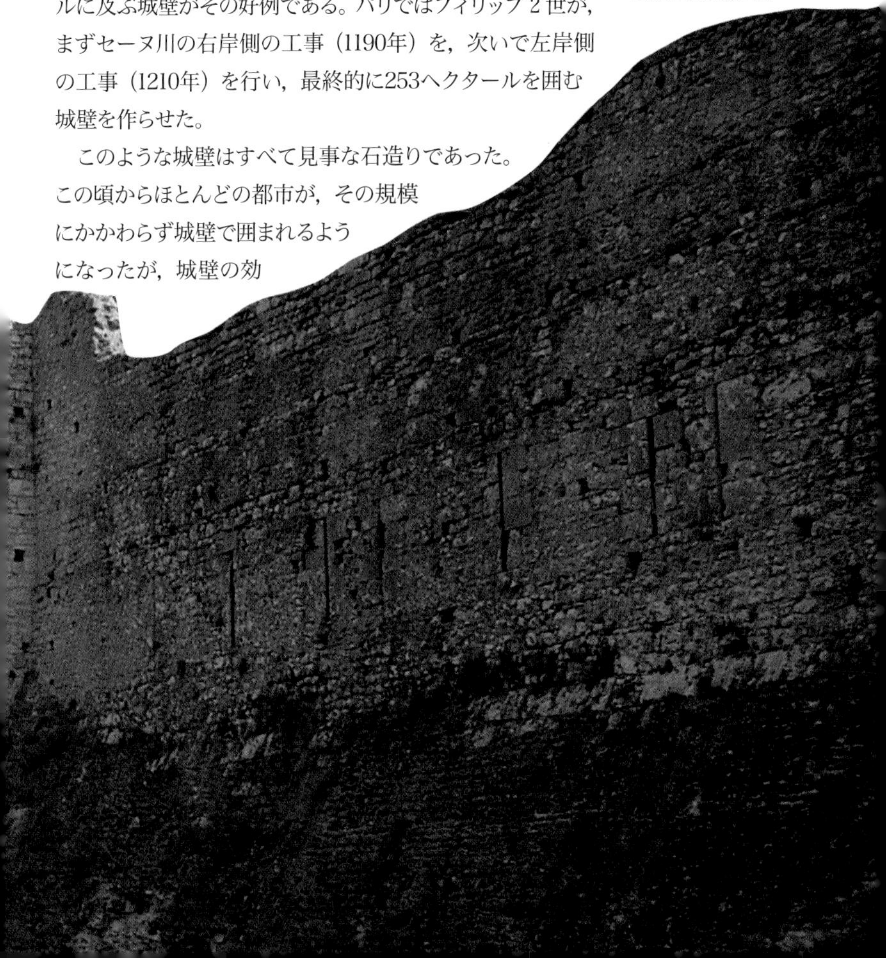

用は都市の保護ばかりではなかった。周辺に分散した村々を糾合するとともに，その都市に対する郷土愛を高めることにもなったのである。しかし城壁を建設したものの，あっという間に都市の発展に追いつけなくなり，さらに都市面積を広げるために城壁を作り直さなければならなくなる場合もあった。1364年にシャルル５世が，パリのセーヌ右岸側（商業の発展した富裕な地区であった）の城壁を建設し直し，

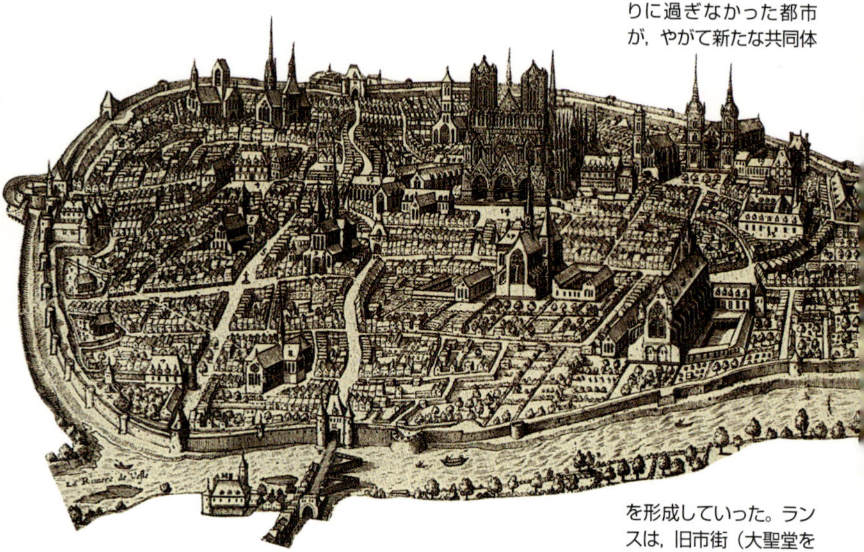

439ヘクタールにまで都市面積を広げたのは，そのような事情があったからである。こうしてパリは，ヨーロッパ一の人口を誇る都市になっていく。

⇩ランスの全景（17世紀）
⇱カレル橋（プラハ）。中世末期の都市は，いくつかの都市空間が城壁によってまとめられ，並置されるような形になっていた。城壁は，防御用というよりもむしろ心理的な意味の方が大きかった。最初は不調和の集まりに過ぎなかった都市が，やがて新たな共同体を形成していった。ランスは，旧市街（大聖堂を中心とする左側）とサン=レミ町（修道院を中心とする右側）という二つの市街を集めてできたものである。プラハも同じように３つの部分から成っている。河畔に孤立する宮殿部分と旧市街部分，そしてカレル１世が建設した新市街部分である。カレル橋が，宮殿部分と旧都市部分とをつないでいる。

石造建築

石材は，何の問題もなく普及したわけではない。問題はあらゆる面に存在した。費用が木材よりも高くつくだけでなく，取り扱いには専門的な知識が必要であった。また，良石を探し出して運搬するのが大変であり，しかも石材による建築には体系的な工学が必要とされた。そうした本質的な問題に加えて，石造建築には早くから巨大さが求められる傾向があった。

例外的ではあるが，プラハのような例を見れば，自分の王国ボヘミアの首都を神聖ローマ帝国の首都にしようと努力した君主の野望をうかがうことができる。ボヘミア王カレル1世は，神聖ローマ皇帝に即位してカール4世を名乗るや，自国ボヘミアの首都を，あまりまとまりのなかった神聖ローマ帝国の政治的中心にしようと考え，1348年からヴルタヴァ川右岸に，旧市街を半円形に取り囲む新たな都市を建設し始めた。各所に設置された巨大な道路のなかには，幅が25メートルに及ぶ道路もあった。さらに家屋1650戸をすべて石造で建設させ，都市全体を3500メートルの城壁で囲んだ。

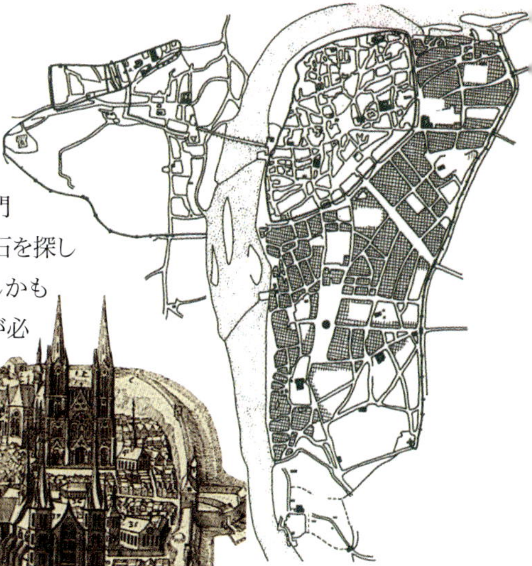

⇧中世プラハの平面図

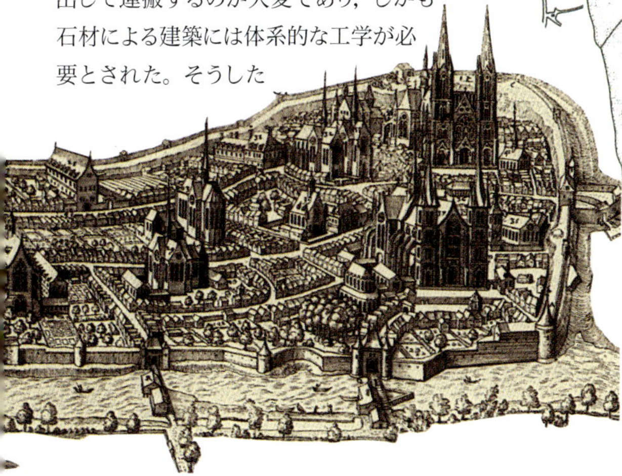

都市の急速な広がりと大聖堂の急激な巨大化とは関係がある。大聖堂が巨大化すると，それだけ広い敷地を占有することになるからである。世俗のものであれ宗教的なものであれ，都市の景観にくっきりと浮かび上がる高い塔は，都市の象徴となった。

これでも不十分だと考えた皇帝は，市民８万5000人の要望に応じられるように，15ヶ所に小教区教会を建設，さらに巨大な市場と市役所を建設した。すべてを石だけで建設しようとした皇帝の意志は，このヨーロッパ中部の都市に注目を集める結果となった。それだけ異例な試みだったのである。

大聖堂の巨大化

先進的な大都市化計画に見られたこのような巨大化傾向は，都市の様相だけでなく，数多くの建築物にも影響を与えた。ゴシック時代以降，長さ100メートル以下の大聖堂が構想されることはあまりなくなった。長さに加えて目もくらむほどの高さを持つようになり，ボーヴェのサン

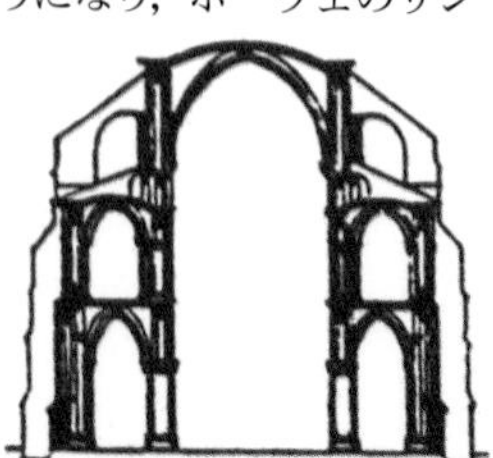

＝ピエール大聖堂では丸天井までの高さが47メートル，ストラスブール大聖堂では尖塔の高さが142メートルにまで達した。

このような巨大化傾向は小教区教会にも伝播した。フライブルク＝イム＝ブライスガウの教会のように，あまりに巨大化したために大聖堂に昇格した教会もある。神聖ローマ帝国のウルム大聖堂，バルセロナのサンタ＝マリア・デル・マール教会など，ヨーロッパの他の地域でも教会は巨大化傾向を示している。シトー会の修道院付属教会も事情は同じで，フォワニー修道院では全長98メートル，ヴォーセル修道院では全長132メートルに達している。修道院の設計図のなかには，都市の設計図ほどの規模を持つものさえ現れるようになった。行政上の建築物もこれらに全く引けを取らない。ヴルタヴァ川にかかるプラハのカレル橋は，全長513メートルに及んでいる。

多様化と普及

中世のこのような建築行為が何を意味していたのか，今となっては判断しがたい。今や多くの建築物が姿を消してしまった。随分昔に消えてしまったものも少なくない。それでも，軍事用建築物の残骸は，文献や図版に部分的にしか記載されていない異例の大建築事

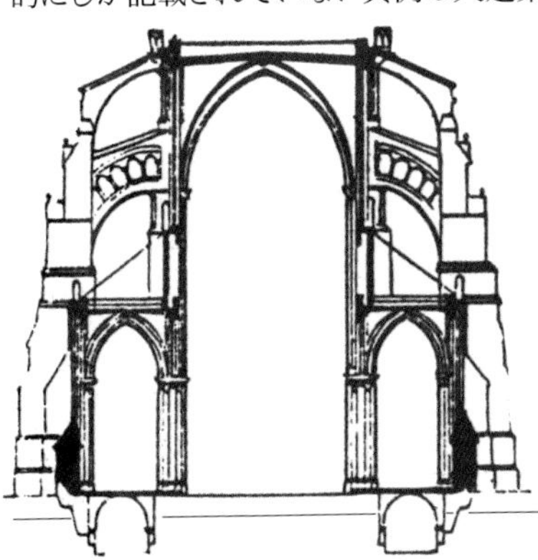

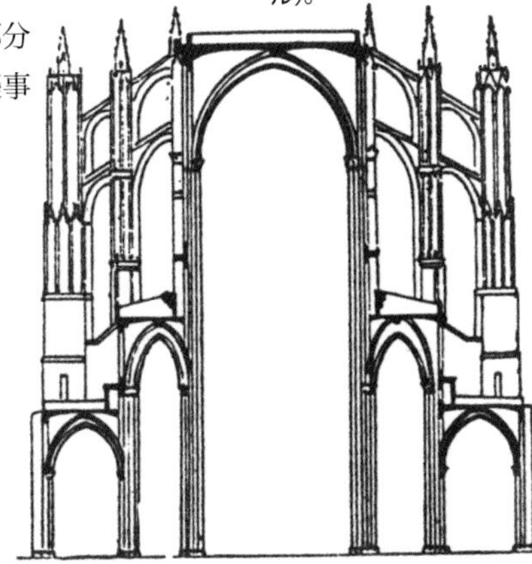

⇦「聖バルバラ」（ヤン・ファン・アイク画），（⇩p.36左，37左・右）大聖堂の断面図――石造建築の発展により，さらに高い建築物を建てたいと願ってきた人々の夢が現実のものとなった。それを絵で表現する際，バベルの塔をモチーフとして利用することが一般的であったが，左頁のファン・アイクの素描のように，父に幽閉された塔の中でキリスト教への信仰に目覚めた聖バルバラをモチーフにした例もある。ゴシック建築の巨大化志向により，大聖堂中心部の丸天井の高さは世代を追うごとに高くなっていった。左から1160年代頃に建設されたラン大聖堂（高さ24メートル），1194年に建設されたシャルトル大聖堂(高さ37メートル)，1225年に建設されたボーヴェのサン＝ピエール大聖堂（高さ46.77メートル）。

業について，雄弁に語ってくれる。フランスにはこうした遺産が豊富に存在する。国土全体を覆う重要建築物のなかには，建築史上決定的な意味を持つものもある。16世紀以降ゴシック様式の建築物は姿を消していくが，フランス中央部，

次いでパリとその近郊には，依然として中世の建築物が数多く残されているのである。

「フランスの内奥」には中世の景観が大部分残されている。こうした豊麗さに感銘を受けて，ためらいもなく次のような結論を引き出した学者がいる。「1050年から1350年にいたる300年間にフランスでは80の大聖堂，500の大教会堂，数万の教区教会堂を建てるため，数百万トンの石材を切り出した。ギザの大ピラミッドだけでもその容積は

⇩モンテギュー=ル=ブランの塔——都市は，地形に合わせて建設された。当時の最新式の図面は一般的に平面化されており，そうした土地の変化があまり分からない。それに対して15世紀に著されたギヨーム・ルヴェルの紋章集には，地形の起伏の意味をよく理解して街の姿が描かれている。塔は街全体を見渡すようにそびえ立っており，その本来持つ意味を理解することができる。

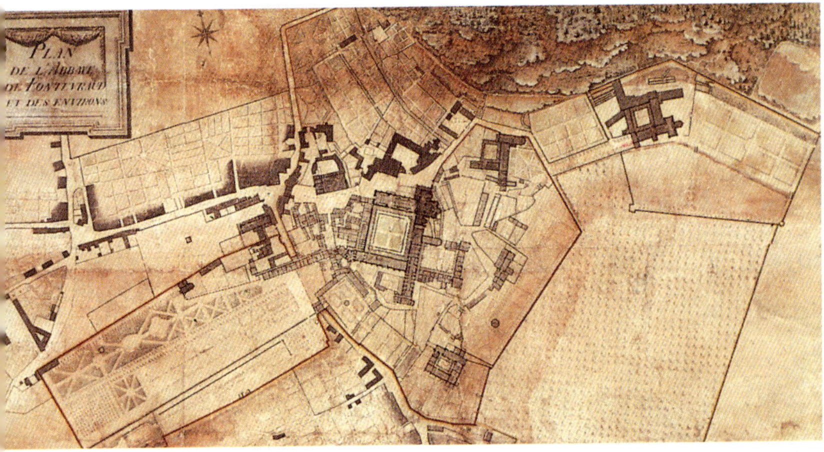

250万立方メートルにおよぶ。しかしフランスはこの3世紀間に，古代エジプトのどの時代よりも大量の建築用石材を運搬したのである」以上はジャン・ジャンペル著『カテドラルを建てた人びと』(1959年)（訳注：邦訳は飯田喜四郎訳，鹿島出版会（1969年)）からの引用であるが，本書は今でもその現代的意義を失っていない。中世建築史は本書によって一新され，それ以降は宗教的建築物だけでなく，世俗的な建築物，軍事用の建築物，行政上の建築物も考慮に入れられるようになった。そのおかげで，中世に対する視野が大いに広がったのである。

(⇦p.38上)「トロイ人によるヴェネツィア，シカンブリア，カルタゴ，ローマの建設」⇧フォントヴロー修道院の平面図(1748年) ——中世の挿絵師は，土地の起伏を段状に描くことで，地形の微妙な差異を表現しようとした(左上図)。反対に，フォントヴロー修道院の建築物群の図面（上図）を起こした18世紀の建築家は，もはや建築物が地面をどれだけ占有するかということにしか関心を抱いていない。この図面からは本質的な部分が欠落しているといえる。

❖「建築家が下劣な人間であれば，崇高な建築物は決してできないであろう」12世紀後半の格言集のなかで国王は，修道院長に建築家を紹介するよう要請した際に，建築家の性質をこのように定義している。深い教養を持つ知識人であり，「科学」者であり，名工でもあった建築家は，建設現場の経験から専門的能力を育んだだけの単なる大工とは，たしかに異なる存在であった。……………………………………………………………

第2章

建　築　家

⇦⇨サン＝ニケーズ修道院付属教会の建築家ユーグ・リベルジエ（?〜1263）の墓石——手に建築物の模型を持ち，高い社会的身分を示す衣服をまとっている。棒と直角定規とコンパスがその職業を示している。

建築は11世紀以降，それまでの時代にはなかった特別な意義を帯び始める。以前の建築は宮廷から命じられるものであり，建築を発注する主たる責任者は国王や皇帝などの君主であった。ところが中世は，建築主が多様化した時代である。当時建築が非常に盛んであり，また量に劣らず建築物の種類が豊富であったのはそこから説明がつく。たしかに君主は，宮殿や軍事設備のような君主にふさわしい領域において積極的な役割を果たし続けたが，なかにはさらに一歩先へ進み，都市の建設や再編成を行った君主もいる。14世紀にプラハに新都市を建設した皇帝カール４世や，パリを再編した国王シャルル５世などである。やがて建設事業は，修道士，司教，修道院長，司教座聖堂参事会に受け継がれ，さらに一般信徒，領主，共同体，都市，団体へと受け継がれていき，建築主の数は著しく増大した。

建築主の役割と建設計画の始まり

それと同時に，建築主と施工者との関係も一新された。それは一つには，建築がより高度になったために計画的な行動が求められたからであり，一つには，高度に洗練された大がかりな作業を行うようになったために両者の多大な努力が求められたからである。

当然のことながら建築主は，建設の場において決定的な

⇖「聖アルバン教会の建設」――建築主と施工者との関係は信頼に基づいていた。上の13世紀の描画で，挿絵師は両者の外見に惑わされることなく，２人を対等の立場に描いている。アングロサクソン人のマーシア王国国王（在位757〜790）が，聖アルバン教会建設について建築家と話している姿が描かれている。

⇧「建築家，修道院長，石切り工，会計係」――サン＝ジェルメ＝ド＝フリ修道院礼拝堂のステンドグラスには，修道院長ピエール・ド・ウェサンクールが，石工や労働者の面前で建築家と話をしている姿が描かれている。

⇦「別荘の建設」――ピエトロ・デ・クレシェンツィの有名な著作『農事要覧』に描かれた挿絵（15世紀）。建築主と施工者という2人の権威者の下で別荘が建設されている様子が描かれている。

権限を持っていた。建築主は建設計画の発案者であり，資金調達を行う役目を帯びていた。また，施工を担当する建築家を選び，作業の進捗を管理した。建築主が死亡すると，たいてい建設現場に混乱が生じ，作業が中止もしくは停滞したり，最初の計画が変更されたりした。1151年に修道院長シュジェが死んだために，間もなくサン＝ドニ修道院付属教会の再建が中止となった例がある。その建設が全く異なる方針で再開されたのは，ほぼ1世紀後の1231年であった。このように大建設事業の裏には，常に影響力の大きな人物がいた。それは司教であったり（11世紀初頭にシャルトル大聖堂を建設したフュルベール，1160年にパリのノートルダム大聖堂を建設したモーリス・ド・シュリー），修道院長であったり（11世紀初頭にディジョンのサン＝ベニーニュ大聖堂やベルネーのノートルダム教会を建設したギヨーム・ド・ヴォルピアーノ），君主であったり（12世紀のフィリップ２世，13世紀のフリードリヒ2世），大領主であったり（フルク３世），都市共同体であったり（フィレンツェ，ミラノ，シエナ）した。彼らの意志がなければ，大聖堂も，城砦も，市役所も，橋も決して日の目を見ることはなかったであろう。こうした建設事業は，社会の活動，社会の成熟，社会の福利になくてはならない慈善事業であるとともに，自らの権勢を発揮する機会でもあった。ところが，建築主の出自が多種多様になると，さまざまな問題が発生することになった。

巨大建築物をめぐる問題

ストラスブール大聖堂の正面部分は，司教と都市との絶え間ない対立から何度も全体構想が変更され，それに伴い改築が行われた。最初の建設計画が再検討されるのは，13〜14世紀にはどこにでも見られた傾向である。こうした改築・修築風景は絶えず都市の景観を飾り，いわば都市の象徴でもあった。シエナでは，市評議会が大聖堂の増築を発案したものの，構想が変更されて増築工事を断念した様子が建築物に表れている。ミラノでは，教会財産管理委員会所属顧問会の人数が1387年に150人を超え，1401年には約300人になり，大聖堂建設にかかわる決定が慎重に討議される

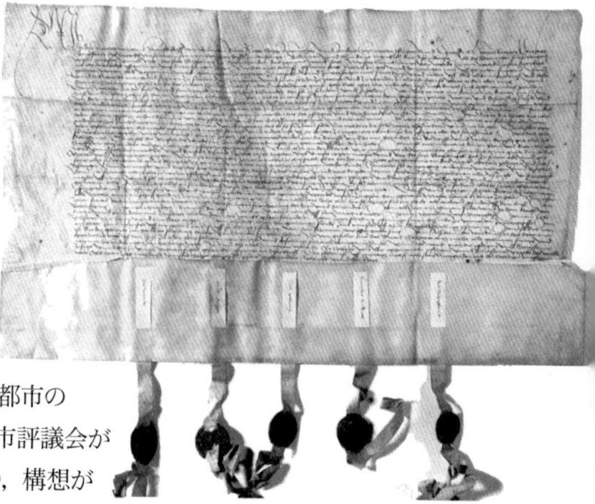

⇩建築家ハンス・ハマー・フォン・ヴェルデの契約書――建築主と施工者との関係は，はっきりと明文化された形で規定された。13世紀にはこうした契約はありふれたものになっていた。下図は1486年，ストラスブール大聖堂の建設工事に，建築家ハンス・ハマーを雇い入れるために作成された契約書である。それには５つの印章が下がっている。一つは教会財産管理委員会（ノートルダム財団）のもの，残りは契約書の署名者4人，騎士ハンス・ルドルフ・フォン・エンディンゲン，建築主ペーター・ショット，行政官アンドレ・ハックスマッヒャー，工事の出納係コンラート・ハメルブルガーのものである。ハンス・ハマーは大聖堂の説教壇などを設計した。

ようになった。13世紀初頭から始まったこのような民主化の動きは，たいてい財政上の問題から生まれたものである。

個人，共同体，団体いずれであれ建築主は，何らかの計画を立てた後に，建築家を「見つける」役目を担っていた。しかし，10世紀末から11世紀初頭の時期には，建築主の期待に添える専門家がいなかった。大規模な建設作業は，専門知識が一つの分野にかぎられた職人には無理だったのである。

このような理由から，自らの遠大な計画を実現するために，施工者の代わりを務めることを余儀なくされた数多くの建築主たちが，特権的な役割を担うに至った。彼らは修道士，

⇩ランス大聖堂の正面――ランス大聖堂の建設に際しても，おそらく多くの契約書が交わされたのであろうが，いずれも残されていない。その正面部分は1255年から着手されたが，建築家は時代の様式に合わせるために最初の計画を大幅に修正した。

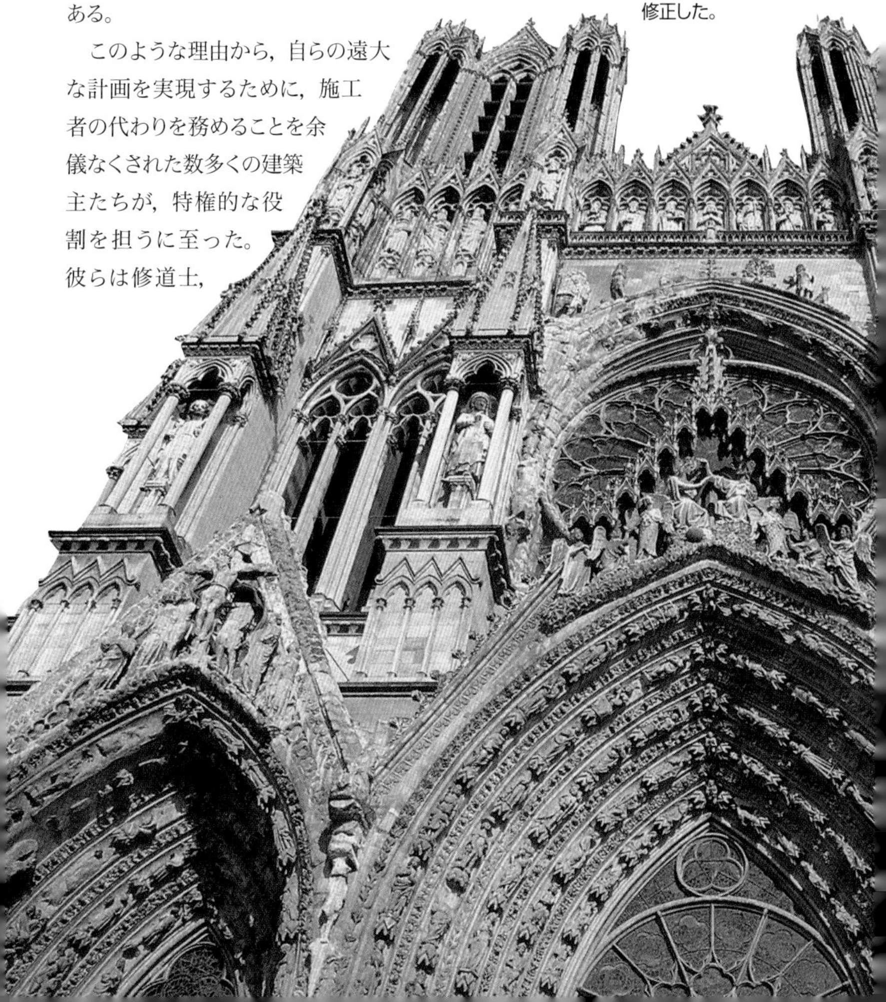

⇦「ヴェズレーのマドレーヌ教会の建設」――建築主はいつも男だったとはかぎらない。ヴェズレーのマドレーヌ教会の建築主は，ジラール・ド・ルシヨンの妻ベルトだった。この挿絵を見ると，建設現場の近くに石工の小屋があること，作業中の壁の石が寒さで割れてしまわないようにわらで保護していることが分かる。

⇩「ソロモン王の神殿の建設」――「ソロモン王が主のために築いた神殿は，奥行きが60アンマ（訳注：約30メートル），間口が20アンマ（訳注：約10メートル），高さが25アンマ（訳注：約12.5メートル）であった。（……）その建築には7年を要した」（列王記上第6章）この巨大な建築物を完成させるために，ソロモン王は最終的に，3万人の賦役夫，7万人の運搬夫，9万人の石工，3300人の現場責任者を集めたと言われる。

⇨ブールジュのサン=テティエンヌ大聖堂

司教，修道院長など，古代文化を知悉《ちしつ》し，歴史的建造物に造詣の深い知識人であった。古代の建造物に匹敵するものを作ろうとして，自分自身でそれを参考にするとともに，雇い入れる建築家たちにもそれを参考にさせた。もちろん，当時の人々が見た古代の建造物の姿は，現在見られる姿とはかなり異なっていたはずである。その当時にはまだ，ローマ帝国初期から後期にかけての偉大な建築物が数多く残っていた。そしてそれらの建築物は，自らの存在感や持久性を誇示することで，建築主たちが抱いた大胆な試みを正当化してくれたのである。

教会の人々

ギヨーム・ド・ヴォルピアーノ，ゴズラン，モラールなど多くの修道院長たちが，意欲的かつ精力的かつ強力に建設を推進した。サン=ブノワ=シュル=ロワール修道院に残る資料には，1026年の壊滅的な大火事の後にゴズランが行った再建の様子が細かく記されている。それによるとゴズランは，ニヴェルネ地方から水路で石材を運ばせて，石造の塔を建設するよう命じたとい

う。また，かつては多くの建築家が金槌で割っただけの石材で満足していたが，それをやめて，接合部をぴったり合わせられるように切りそろえた石材を用いて建設するよう命じたのは，こうした建築主たちであった。さらに，ルーアンやシャルトル，オーセールなどの大聖堂に見られる放射状祭室付きの周歩廊（訳注：周歩廊の外側に張り出すような形で，祭室が放射状に配置されている形式）を考案するなど，建築物の構造を一新したのも彼らである。

⇧「ウィンチェスター司教ウィリアム・オブ・ウィカム」――偉大なる建築主を称えたこの15世紀末の絵画は，野心的な建築主が果たすべき最も重要な役割を示している。それは偉大なる才能を持つ建築家を見つけ出すことであった。ウィンチェスター司教にして，オックスフォード・ニュー・カレッジの創設者でもあるウィリアム・オブ・ウィカム（1324～1404）は，自分が担当する建築物に今までにない様式を用いることを要求した。

12世紀に入ってもまだ，トゥールの大司教イルドベルト（在位1125～1133）が基礎部分の測量を行ったり建築物の寸法を提示したりしている例があるが，おそらくこの頃に建築家という職業が形成されてきたと思われる。それ以降，直接建築に関わる仕事は本職の専門家に任せ，修道士たちは現場の管理に専念することになる。

しかし現場の管理の仕事といっても簡単なものではなく，特別な専門的能力が必要であったことを付言しておく必要がある。シトー会は，その分野においてある程度の名声を博していた。現場管理者として卓越した技量を発揮した人物としては，例えば，最終的にサン＝ジュアン・ド・マルヌ修道院の修道院長にまでなったラウールや，聖ベルナールの実弟で修練士の先生をしていたアシャールの名が挙げられる。アシャールは多くの修道院の建設を手掛けているが，なかでも1134年にラインラントに建設したヒンメロート修道院が有名である。

近代建築

現場の作業がだんだん複雑になってくると，各役割を専

☞「シャルトル大聖堂を祝別する聖フュルベール」――シャルトル大聖堂は，フュルベール・ド・シャルトル司教（在位1007〜1028）により建設が始められ，その後継者ティエリーの下で1037年に完成を見たが，火事で焼失してしまった。その後，修道士アンドレ・ド・ミシが，ある部分は元の形を正確に模倣して，またある部分は全く新しい形で大聖堂を再建した。それまでロマネスク様式であった大聖堂は，それ以来ゴシック様式に代わったが，地下聖堂はかつての姿を留めている。挿絵の上部には正面部（左側）と後陣（右側）が，中央にはそれらを隔てるように，吹抜け空間と側廊とを持つ長い身廊が見て取れる。

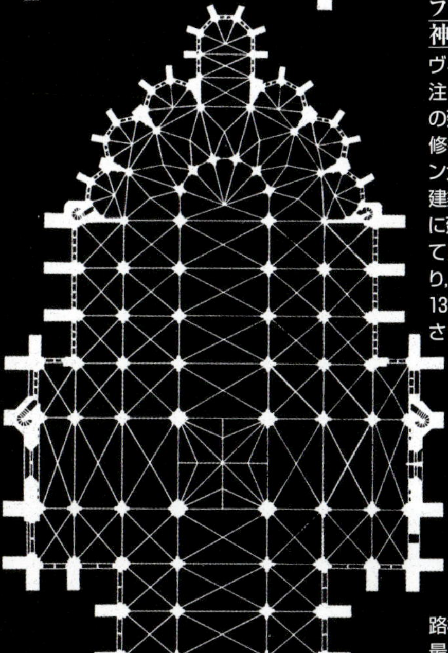

フランスのパルテノン神殿

ヴィオレ=ル=デュク（訳注：1814～79，フランスの建築家で，中世建築の修復で有名）は，アミアン大聖堂にゴシック教会建築の典型を見た。中世に建設された建築物としては最大級のものであり，聖堂内側の高さは133メートル，外側の高さは145メートル，床面積は7700平方メートル，内部空間は20万立方メートルに及ぶ。エヴラール・ド・フイヨワ司教（在位1211～1222）により計画され，1220年に建築家ロベール・ド・リュザルシュに建築を委任，1288年，迷路模様の敷石を設置して最終的な完成を見た。

(p.50左)アミアン大聖堂。トリフォリウムと，内陣を望む身廊。

（p.50-51）アミアン大聖堂。入口を望む身廊。

(p.51）アミアン大聖堂。平面図および断面図と立面図。

聖母マリアの栄光

アミアン大聖堂を形作る石全体には，圧倒的な彫刻装飾が施されている。外側は完全に残されているが，内側は内陣仕切りの消失により一部が残されるのみである。装飾は，この大聖堂が捧げられた聖母マリアを中心に施されている。最も豊かな装飾を施されたのは正面部分である。最後の審判が描かれた中央のポルターユ（訳注：扉口部分）を挟むように，南側に聖母マリアのポルターユが，北側に聖フィルマンのポルターユがある。迫台（訳注:アーチを乗せる部分），タンパン（訳注：扉口上部のアーチに囲まれた三角形の壁面），飾りアーチ（訳注：タンパン上部の数層にわたるアーチ）に多くの彫像があるほか，扶壁（訳注：壁面の外側に直角に取り付け，主壁を支え補強する短い壁）前面にも，多くの円形装飾や十二使徒の小さな彫像による装飾が施されている。またばら窓（訳注：ステンドグラスで作られた円形の窓，p.67参照）下には，ユダヤ王のギャラリー（訳注：ユダヤの王を並べた一連の彫刻を指す）がある。南翼廊のポルターユでは，金色のマリア像が中央柱（訳注：扉口中央の中柱）を占有しているが，タンパンの土台部分にはアミアンの最初の司教聖オノレの彫像も見える。

門化せざるを得なくなってきた。このように近代建築の様相がはっきりと現れてくるのは11世紀も半ばを過ぎてからである。つまりその時期に，建築主の要望に応じて計画を作成し，図面を引き，建設する者が現れたのである。名が知られている当時の建築家は数がかぎられている。イングランド王妃エマが，ポワチエのサン＝ティレール＝ル＝グラン教会を建設するために選んだ建築家，ゴーティエ・ド・コールランはその1人である。

それに続く世代（11世紀末）の建築家たちは，建築主の要望に応じて今まで以上に大胆な計画に果敢に取り組んだ。それまで，大きな吹抜け空間を持つ建築物は木造であった（ジュミエージュ，カーンにある2つの修道院など）。サン＝

⇧ドイツのシェーナウに建設中のシトー会修道院。

（☞p.54下）「木を切るシトー会士」（『ヨブ記講解』所収）⇦「シトー会修道院の模型を見る教皇」——12世紀には職業意識が高まった。倹約と経済性を重んじたシトー会が，職業意識を推進する役割を果たしたのである。知的生活を重視したクリュニー修道院と異なり，シトー会は肉体労働を祈祷《きとう》と同等の行為とみなした。1111年，修道院長エティエンヌ・アルダンの提案によりシトー会で作成した，教皇グレゴリウス1世の書『ヨブ記講解』の写本は，木こり（左下図）など修道士たちが行ってきたさまざまな労働が価値あるものであることを公式に表明するものであった。木版画により，14世紀初頭以降シトー会の質の高い修道院建築の知名度が高まり，15世紀末には各地に名声が広まった。上図は，モレームの聖ロベール，聖オーバン，聖エティエンヌ・アルダン3人が，教皇にシトー会修道院の模型を見せているところである。絵の下には，木柵に保護された修道院が描かれている。

マルタン・デュ・カニグー修道院聖堂に石造の丸天井が見られるが，その幅はせいぜい3.5メートルである。それが11世紀末になると，トゥールーズのサン＝セルナン教会に見られるように，幅8メートル，高さ21メートルの吹抜け空間を持つ丸天井が現れる。同時に，重い丸天井を支える土台は，古代建築の土台よりも縮小された。空間の拡大と土台の縮小という二重の課題を乗り越え，建築物の伝統的な構造に変革をもたらすこのような建築家たちは，同時代の人々を魅了した。

歴史の証言

1139年頃に著された『聖ヤコブの巡礼案内』に，サンティアゴ＝デ＝コンポステーラ大聖堂の建設作業について言及している部分がある。福者聖ヤコブのため

の建築物を手掛けた石工の親方の名は，老ベルナール——天才的な名工である——とロベールであり，彼らがおよそ50名の石工を統括した。現場を指揮していたのは，助任司祭にして教会参事会長を務めていたドン・セゲレドとグンデシンド修道院長である」

大聖堂は1077年に再建が決定，1078年７月11日から作業が始まった。スペインではいまだかつてこれほど大規模な事業を行ったことがなかっただけに，さまざまな問題に直面しただろうことは，現場の編成を見ればよく分かる。この老ベルナールの詳細については分からないが，大聖堂の設計にフランスの様式を取り入れた点から見て，フランスで技能を身につけた人物だと考えられる。彼は単身で現場に

⇧サンティアゴ＝デ＝コンポステーラの平面図⇦同，栄光の門——サンティアゴ＝デ＝コンポステーラは，キリストの十二使徒の1人聖ヤコブの遺体（カール大帝の時代に奇跡的に発見された）を拝もうと，大勢の信者が集まる巡礼地である。遺体発見後間もなく貞節王アルフォンソ2世の命により礼拝堂が建設され，その周囲に都市が次第に発展していった(上図)。1183年,建築家マチューにより大聖堂の修復が行われ，有名な「栄光の門」が建設された。中央柱に聖ヤコブの座像が，その周りに使徒や預言者の像が見える。その上には，キリストの最後の審判が彫刻されている。

⇧「賢王アルフォンソ8世とレオノールと建築家フェランディ」――13世紀の貴重な写本には施工者と建築主との対決の場面が見て取れる。建築家フェランディ（ペドロ・フェルナンデス）が，アルフォンソ8世とその妻レオノール（座っている2人）にウクレス城の正面部分の設計案を見せている。ウクレス城は，1170年から1175年の間に王からサンティアゴの騎士たちに下賜された。

乗り込んできたわけではなく，50名の石工を引き連れてきた。しかもその石工は，現地ではまだ一般的であった石を金槌で割るだけの石工ではなく，石を切り整える能力も備えた石工であった。そしておそらくロベールが現場監督代理をし，ドン・セゲレドとグンデシンドが現場の管理を引き受けたのであろう。このような大がかりな事業を行うには，他国ですでに実証済みの方法を採用する必要があったのである。

12世紀になると，建築家に対する言及があちこちの文献に現れると同時に，建築家同士が比較され，当の相手を喜ばせたりもした。例えば，ヴェルダン大聖堂（建設は1131年以後）の建築家ガランは，同時代の建築家のなかで最も博識だとされ，ソロモン神殿を建設したティルスの王ヒラムに例えられている。そのような評判が建築主に嫉妬心を抱かせる場合も多く，バイユー伯夫人はピティヴィエ城を建設した建築家を，同じような素晴らしい建築物が他の領地に建設されることを嫌って，迷わず斬首したという。

初期ゴシック建築

初期ゴシック期の建築家は一般的に無名であり，誰もが無名のまま消えてしまったことは説明するまでもないであろう。建築家があまりに大きな名声を手に入れてしまうのは，建築主にとって都合が悪かったようである。その顕著な例として，シュジェ修道院長の場合が挙げられる。彼は，サン＝ドニ修道院付属教会を再建する仕事に携わった際，建築家の名前を明かさないように注意していたという。シュジェ修道院長は，教会内陣に新たな形式を採り入れた革命的功績を，独り占めしようとしたのだろうか？　彼が建築家の名前を明かさなかったのは，深い理由があったと思われる。彼は自らの栄光を一層高めるために，教会のあちこちに自らの痕跡を残しており，建築家の名前を明かしても彼の栄光を引き下げることにはならなかったはずだからである。ところが，建築家の地位が完全に認められるようになったのは，この12世紀前半なのだ。1175年，ウルヘル大聖堂建設のため，司教と司教座聖堂参事会は，ロンバルディアのライモンドという建築家と契約を交わしたという記録がある。彼は他のロンバルディア人４人とともに仕事に取り掛かり，７年で建築作業を終えた。丸天井を架け，鐘楼を建て，丸屋根を設置したのである。

この頃から，建築家に対する契約がきちんと明文化されるようになった。このような現象は，宗教的建築物ばかりでなく軍事用建築物にも見られる。例えば，ドルー伯ロベール３世は，城砦（ダーヌマルシュ）を建設するために，1224年10月にボーモン＝ル＝ロジェのニコラという建築家と契

⇩シュジェ修道院長⇨サン＝ドニ修道院附属教会の周歩廊――シュジェはカロリング朝時代に始まるサン＝ドニ修道院付属教会を再建する際に，建築主として積極的な役割を果たした。1151年に死去したため，西正面部分と後陣とを連絡する身廊部分が未完成のまま残り，この壮大な計画を成し遂げることができなかった。自分の建築物への自負から，彼は後陣のステンドグラス，礼拝堂のモザイク画（下図），中央ポルターユの彫刻，キリスト像の足元に，心の底から慎ましやかな態度を示している自分の姿を表現させている。この教会堂は，彫刻面においても建築面においても古代ローマの伝統を覆すものであった。右の周歩廊にそれがよく表れている。

約を結んでいる。契約には，建築家はノジャンの塔を範とする高さ35メートル，直径25メートルの塔を，パリ貨で1175リーヴルという請負額で建設し，建築主は石，砂，石灰，水を提供するのみと記されている。この場合，労働者への支払いは建築家に任されていたので，建築家の責任は全般に渡っていたことになる。

激しい競争

建築主は，進んで建築家たちを競争させた。カンタベリ大聖堂の場合がその好例である。カンタベリ大聖堂は，1174年に火事により甚大な被害を被った。この惨事を受けて修道士たちは，多くのイングランド人建築家やイール＝ド＝フランス地方出身の建築家に呼びかけ，それぞれに詳細な再建プランを提示してもらい，そのなかから一つを採用することにした。その結果選ばれたのは，鋭い分析力で修道士たち

に感銘を与えたギヨーム・ド・サンスであった。ギヨームは，どうしても壊してしまわなければいけない部分と，そのまま残しても安全である部分とを明確に分けていたのである。採用された彼はすぐに仕事に取り掛かったが，あいにく転落事故を起こして作業ができなくなり，帰国を余儀なくされた。その後を継いだイングランド人ウィリアムは，最初の計画を尊重して作業を続けた。彼はイール＝ド＝フランス地方の最新の美的感覚を身につけた人物であり，修道士たちもその点を認めたのである。

⇦カンタベリ大聖堂⇩カンタベリ大聖堂の内陣——イール＝ド＝フランス地方で発展したゴシック様式がイギリスに現れたのは，偶然ではない。カンタベリ大聖堂の建築の際にフランス出身の建築家ギヨーム・ド・サンスを選んだためである。彼は，この建設作業に携わる以前はイングランドでは全く知られていない存在であったが，修道士たちを魅了するに足る豊かな経験をすでに持っていたと思われる。その道の専門家であり，革新的な様式で建設する術を心得ていた。

専門化する建築家

当時，専門化した建築家組合が形成され始めていたが，一世代以上続くことはなかった。そのような組合の結成自体が，政治的な事件，つまりフランスの支配をめぐるカペー朝とプランタジネット朝の熾烈な争いと結びついていたからである。建築の分野で先手を取ったのはプランタジネット朝であった。ヘンリー2世（在位1154～1189）は，安定しない領地を確固としたものにするために，獲得した領地を城砦化することにした。契約書類には多くの技術者の名前が見て取れる。アルノスなどおそらくイングランド人だろうと思われる名前もいくらかあるが，ロジェ・アンゴネ，リシャール，モーリス・ル・マソン，ラウール・ド・グラモンなど大部分はフランス人である。彼らの手により，ドーバー，ジゾールほか多くの城砦の建設が行われた。

カペー朝のフィリップ２世（在位1180〜1223）も同様の政策を取り，城砦建築を推進した。1189年から1206年にかけて，有能な16人の建築家が，新たに征服した都市に隣接する城砦を建設して王国を防衛した。国王はまた，建築上の提言を行うことを目的とした委員会を設置し，自らその委員長を務めた。できるかぎり費用をかけずに素早く城砦を建設する必要があったからである。パリのセーヌ右岸の城壁は，ルーヴル宮の塔が西側を守る形で1190年に建設され，高さ31メートル，直径15メートルの同じ型の円塔が20基設置された。整然と建設された壁，等間隔に配置された塔を有し，門の数を最小限に抑えたパリの城壁は，数多くの都市で模倣された。

⇩「城壁の建設」⇗ブールジュの大塔——イングランドの建築家たちは，軍事的用途にかぎられた防御用の城壁と建物とから成る広大な城砦を構想した。それに対してフランスのフィリップ２世の建築家たちは，防御しやすく堅固なだけでなく，都市と密接に結び付いた城砦を構想した。このようにして造られたフランスの城砦には，ルーヴル宮の塔（1190年）を模した円塔が各所に見られるが，それ自身がカペー朝の象徴であった。フランス王国の全領土がルーヴル宮の塔の管轄下にあったように，ブールジュの大塔はベリー地方の全領土を管轄していた。

13世紀の大建築家の地位

13世紀初頭，建築家の地位に大きな変動が見られた。もはや建築家は，幅広い責任を担う必要がなくなったのである。遅滞なく現場の要求に応えられるような財政担当組織の設立，物資の供給途絶の防止，労働者への定期的な賃金の支払いといったことは，管理側に任されるようになった。建築家はこのような仕事から解放され，独自の地位を獲得するに至った。中世の階級制度からはみ出した存在となったのである。

建築家の特権的かつ支配的な地位については，多くの文献や絵画などで証明されているが，それは多

くの人々をいらだたせるほどだったという。ニコラ・ド・ビアールは，1261年に行われた有名な説教のなかで，建築家に対するいらだちを表現している。「大規模な建設作業に雇われる主任建築家というものは，いつも決まって口で命令するだけで，実際に手を出すことなどほとんどないのに，給料だけは他の者よりかなり多く受け取っています。石工の棟梁たちも，手袋をした手に鞭を持って『こういうふうに切れ』と命令するだけで，自分たちはほとんど働かないくせに，報酬だけはたくさん取るのです」この種の批判は，いつの時代に

⇧ドーバーの城砦——イングランドの城砦の一例である。プランタジネット朝の王ヘンリー3世がルーアン近郊に建設したシャトー＝ガイヤールにも，これと同様の例が見られる。

もある。才能あるがゆえに大仕事を任され，財政的なゆとりを獲得した人々について回る批判である。

⇧ランス大聖堂の正面のばら窓⇨同，飾り破風——ばら窓は，全体的に透かし彫りを施し，外光を広く取り入れたタンパンのなかに位置している。飾り破風（右図）はそれほど斬新なものではなく，聖母戴冠の集合像が彫刻されている。

「レヨナン式」建築

このように地位が上昇してきたのは，ゴシック建築が新たな時代を迎えたことと関係がある。新時代は，サン＝ドニ修道院付属教会の建設が再開された1231年に始まった。その様式は，新たに考案されたばら窓の形から，「レヨナン式」（訳注:rayonnantは「放射状の，輝きを発する」の意）と呼ばれ，

以後ばら窓はあらゆる宗教的建築物に欠かせないものとなった。この芸術様式はまたたく間に西ヨーロッパに広まり，神聖ローマ帝国のストラスブール大聖堂の身廊，イギリスのウェストミンスター寺院，イタリア（アッシジ）のサン＝フランチェスコ聖堂，スウェーデンのウプサラ大聖堂，さらには海を越えてキプロス（ファマグスタ）の聖ニコラオス聖堂などに採用された。

壁の非開口部を透かし彫りにすることで聖堂内部を光で満たしたこのような建築意匠は，同時代の人々に衝撃を与えた。当時の人々が，このような建築を施した魔術師の名前を覚えていたとしても不思議ではあるまい。建築家のなかには，ジャン・ド・シェル，ピエール・ド・モントルイユ，ロベール・ド・クシー，ペーター・パルラーなど，歴史上の偉大な人物に匹敵するほど有名になった者も多数いる。

⇦（左）建築家の墓石――13世紀の建築家は，類なく優美な建築物を建設して同時代の人々を魅了した。ルーアンのサン＝トゥアン教会にある13世紀半ばの人物不詳の墓石には，意匠を凝らした建築家の姿が描かれている。

パリのサント=シャペル

13世紀の建築は，1248年に建設されたパリのサント=シャペルにおいて斬新さの頂点を極めた。建築家の名前は記載がなく不明だが，ジャン・ド・シェルかピエール・ド・モントルイユによると思われる。その建設はまさしく技術的挑戦であった。建築主であった国王は，聖遺物安置所を兼ねたこの王宮の礼拝堂に，キリスト教徒にとって最も貴重な，キリスト受難にかかわる聖遺物を納めようとした。そこで建築家はこの建築物を，ステンドグラスでできた613平方メートルの聖遺物箱として考案した。正面のばら窓（左図）は，15世紀末にシャルル8世により，13世紀のものとはかなり異なる様式で修築されたが，それでも色鮮やかで強烈な魅力を保持している。

石に刻まれた敬意　刻印と墓石

パリのノートルダム大聖堂には，司教の要請により，ピエール・ド・モントルイユが美しいゴシック体の文字で先任者ジャン・ド・シェルの名を記した刻印がある。ジャンは，1258年２月11日に南翼廊の建設を始めたが，完成を見る前にこの世を去っている。13世紀末には，迷路模様の敷石に建築家の名前を刻印するのが慣例となった。迷路模様の敷石が後になって設置された例がある――ランス大聖堂は13世紀末に，アミアン大聖堂は1288年に設置されている――の

⇧ルーアンのサン=トゥアン修道院付属教会――この修道院の院長ジャン・ルーセルは，多くの修道士同様「天上のエルサレム」を地上に実現することを夢見て，1318年に新たな修道院付属教会建設に着手した。彼は財政問題を解決し，その夢を表現する能力を持った建築家を見つけることで，技術的な問題をも解決した。

は，その刻印に不具合があったか，その刻印自体が忘れられていたかのどちらかと思われる。アミアンの場合，ロベール・ド・リュザルシュ，トマ・ド・コルモン，その息子ルノーの肖像(仕事を継いだ順序が分かるよう明記されている)とともに，建築主であった司教エヴラール・ド・フイヨワの肖像が刻まれている。ランスの場合は，大司教オーブリー・ド・アンベールの肖像を中心にして，４人の施工者の肖像がその周囲に描かれている。また建築家は，その技術的能力だけでなく，知的価値にも光を当てる称号を与えられることもあった。生前，サン＝ジェルマン＝デ＝プレの修道士たちから多大な称賛を受けていたピエール・ド・モントルイユは，自ら建設した聖母マリアの礼拝堂に埋葬される際に，「石学博士」という学位を与えられている。

建築家の名誉を記念して，建築物内部に当人の墓が作られる例も多くなった。墓石のなかには多くの信者に踏まれて磨耗したために文字が読めなくなってしまったものもあるが，そのような墓石は，当時活躍していた建築家たちの権勢をしのばせる。ランスのサン＝ニケーズ教会にあるユーグ・リベルジエの墓石や，ルーアンのサン＝トゥアン教会にあるベルヌヴァル親子（父アレクサンドルと息子コラン）の墓石などがその例である。そこに彫られた建築家の姿は，彼らがたどり着いた社会的地位をうかがわせる。彼らは大領主のような服装をしており，その職業を示しているものといえば，商売道具であるコンパスや棒だけなのである。時には，建設した建物の模型を持っている場合もある。

（⇦p.68左）ベルヌヴァル親子（コランとアレクサンドル）の墓石――サン＝トゥアンの建設が行われていた2世紀の間に，建設に携わった人々を語り継ごうとする機運が生まれた。その一例が，15世紀の親子の建築家の墓石である。「ルーアンのバイイ裁判所管区におけるわれらが国王陛下直属の石工工事施工者および本教会の施工者にして，キリスト紀元1440年1月5日に他界した建築家アレクサンドル・ド・ベルヌヴァル，ここに眠る。冥福を祈りたまえ」

父の死後，息子のコランが仕事を引き継いだが，その建築物に息子の名前は刻まれていない。

⇧ランス大聖堂の迷路模様の敷石――建築主と施工者がともに彫られている。

契約書上の姿

建築家は，石に不朽の姿をとどめたほか，建設現場に言及した数多くの文献のなかにもその姿をとどめている。そこで扱われているのは，建築家の役割，あるいは建築家と建築主との密接な関係である。文献上に現れた姿を分析してみると，建築主と施工者（建築家）との間に対等に話し合いができる関係が築かれていたことが明白に見て取れる。ここからも，施工者が高い地位を獲得していたことが分かる。

プラハの例がその事実をよく証明している。神聖ローマ皇帝カール4世は，プラハにその政治的重要性にふさわしい聖堂を建設しよ

うと，フランスの建築家マチュー・ダラスを呼び寄せて設計図の作成および建設を行わせた（1344～1352）。ところが，マチュー・ダラスは現場に出ていた時に事故にあい，1354年

に別の建築家に交代することになった。新たな施工者となったドイツ出身のペーター・パルラーは，ドイツ的考え方に基づいて先任者の計画を大幅に変更したが，カール4世はこの2人の芸術家に同じ敬意を捧げ，大聖堂のトリフォリウム（訳注：教会の側廊上部）に2人の胸像を制作させた。

⇧カール4世（☞p.70左）マチュー・ダラス（⇦p.70右）プラハの聖ヴィート大聖堂（☞p.71下）ペーター・パルラー――プラハの聖ヴィート大聖堂は，建築というものに対する中世的思考の典型といえる。神聖ローマ皇帝カール4世はこの大聖堂を，政治的（プラハは帝国の首都となった），身分的（大聖堂は自分の宮殿内に建設された），芸術的（フランスの建築家マチュー・ダラスに建設を依頼した）模範となる建築物にする必要があった。建築家マチューの死後，政治的・様式的変化を受けて，国王は新たな建築家ペーター・パルラーに建設を委ねるに至った。しかし，その技術レベルは一定している。2人の建築家の胸像が飾られることで，2人はともに人々の記憶に残ることとなった。

親密な国王

同時代のフランスでは，建築主と施工者の関係は全く異なっており，家族的な絆の上に築き上げられていた。1364年，賢明王シャルル5世の要請によりルーヴル宮の巨大な階段を建設した建築家レイモン・デュ・タンプルは，国王と非常に親密な間柄であった。国王はレイモンの息子シャルローの代父になることを承諾し，1376年にはフローリン金貨220枚を息子に与えている。その理由は「私たちの友人にして，下士官であり石工であるレイモン・デュ・タンプルが私たちのために成し遂げた，また今もなお成し遂げつつあり，将来にわたって成し遂げることが期待される見目麗しい良質な仕事に敬意を表するため，また私たちの代子を，現在勉学に励んでいるオルレアンで学ばせ指導するため，またその代子に本など必要なものを買い与えるため」であったという。このような施工者と建築主との親密な関係は，見事な芸術が花開いた諸国の宮廷で14世紀後半から15世紀初頭まで見られた。

建築家の独立

建築家の地位が，誰からも認められるほど確固たるものと

⇦ルーアン大聖堂のバターの塔――ルーアン大聖堂内にある「バターの塔」の形について，司教座聖堂参事会と建築家との間で意見が対立した。議論に決着をつけるために，専門家を集めて意見を聞いても結論は出なかった。結局建築家ジャック・ル・ルーは施工を断念，1508年1月27日にその座を甥のロラン・ル・ルーに譲った。最終的に建てられたのは，建築主の意向通り平屋根の塔であった。

なると，建築主にとって憂慮すべき事態が発生した。有名になった建築家たちが，建設現場で自分勝手にふるまうようになったのである。また，1人の建築家がいくつもの現場を掛け持ちするようになり，現場が互いにひどく遠い場合など，欠勤が慣例化するようになった。そのため次第に契約書の内容も変わり，報酬は上がったものの，建築家を厳しく拘束するものになっていった。

そのような最古の例は，1253年，モーの修道士たちと建築家ゴーティエ・ド・ヴァランフロワとの間に交わされた契約である。ゴーティエは建設作業に携わる間，年間10リーヴル支給されたほか，現場に現れた日には3スー支給された。その代わりに，明確な承認なく司教区外の仕事を請け負ってはならないこと，2ヶ月以上モーを離れてはならないこと，すでに自分が手掛けていたエヴルーの現場など司教区外の他の現場へは司教座聖堂参事会の許可なく行ってはならないことが取り決められたうえ，モーに居住する義務が課せられた。

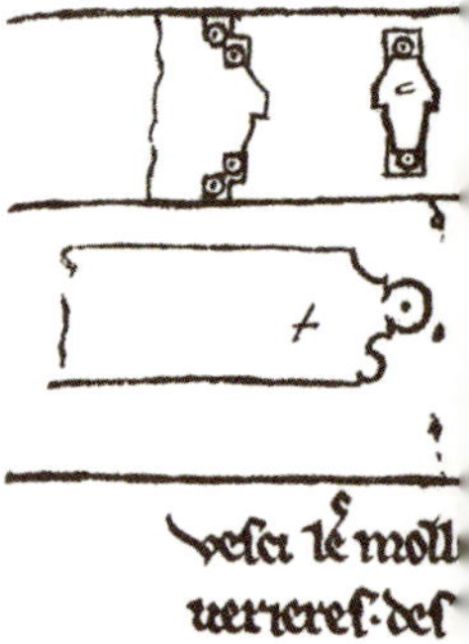

芸術の所有権

以上から，建築家と建築主との間に，徐々に不信感が芽生えていったのが分かる。1381年トゥールの教会参事会は建築家のピエール・ペラに，石に刳形《くりがた》装飾を施す際に利用する「モル」と呼ばれる木型の所有権を放棄するよう要求している。

芸術の所有権という常にデリケートな問題が，ここに初めて提示されることになった。しかしこの当時はまだ建築主の意向に従って解決されていた。少し後の，1460年5月9日の契約においても，建築家アトンシャテルはトゥール大聖堂の正面部分の図面の取有権を放棄し，施工の全権利を教会参事会に委ねている。数多くの対立が引き起こされたことは想像に難くない。例えば15世紀末，ルーアン大聖堂内にある有名な「バターの塔」建設の際に，教会参事会と建築家ジャック・ル・ルーとの間に意見の対立があった。教会参事会は平屋根を希望し，建築家は尖塔を希望したのだが，結局建築家の意見は通らなかった。

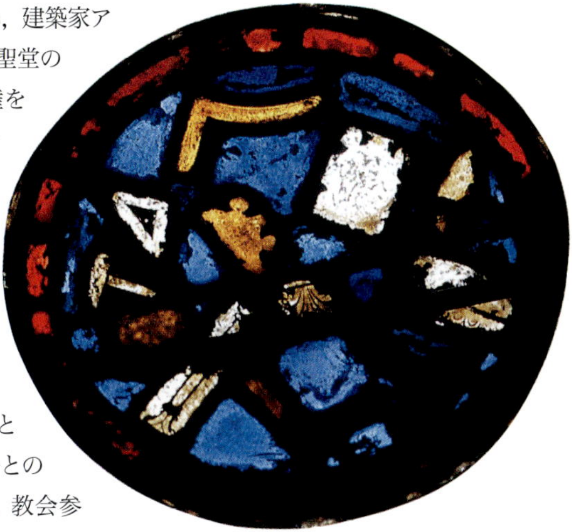

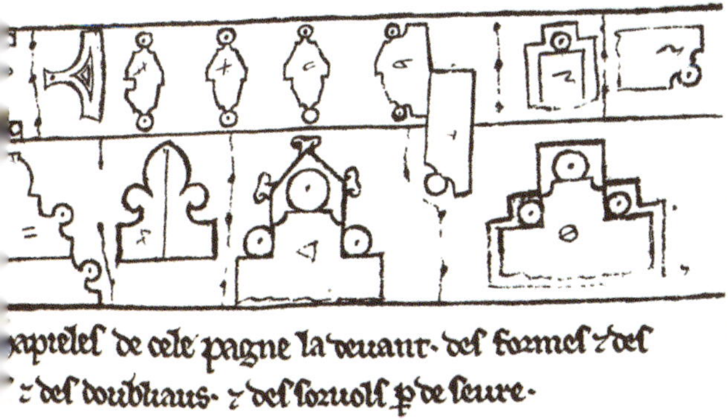

⇦ヴィラール・ド・オヌクール著『画帖』中の図面⇧シャルトル大聖堂の聖シルヴェストルのステンドグラス（部分）――15世紀末，それまで安定していた建築主と施工者との関係が崩れ始めた。強い個性を持つ人々が従来の関係に異議を唱え始めたのである。木型や専門道具がこのように記録されていた当時は，道具を使いこなす技術を身につけた石切り工が有利な立場にいたが，やがて石切り工独自の役割は消滅した。それまで石切り工が担っていた専門分野は，徐々に建築主や建築家が扱うものへとなっていった。

❖「建築家が建設を請け負い，建設工事用の図面を作成した後は，この最初の図面を修正してはならない。また建築家は，領主，都市，国に対して自分が提示した計画に従って作業を行い，工事を省略したり，工事の質を低下させたりしてはならない」……………………………

ストラスブール石工規約第10条（1459年）

第3章

表　現　手　段

⇦ストラスブール大聖堂の正面の図面
⇨「測量技師」――いつの時代においても，図面は建築家にとって，建築主や現場の人々に自分の構想を理解させる最良の手段である。現存する数少ないこの時代の図面の質は，いずれもすばらしいものばかりだ。左の図では彩色された彫像を設置しようとする意図がわかる。

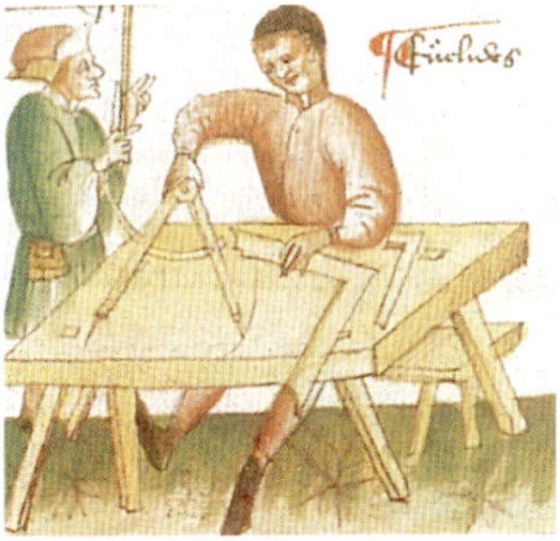

設計案の作成および建設工事の現場監督は建築家の役目であったが，それには特別な能力が要求された。設計案を作成するにあたっては，建築主が急に心変わりして計画やその統一性を再検討するといったような事態を避けるために，建築主を十分納得させる必要があった。また，建設工事の現場では，作業者の誤解により計画が損なわれることのないように，建設に携わるさまざまな作業者に自分の意思を十分に伝える必要があった。それゆえ石造建築では，建築家は2種類の資料を作成しなければならなかった。一つは建築主用の資料で，最終的な結果を目で見て分かるように描いたもの，もう一つは，現場の作業を担当するさまざまな職人用の資料である。中世にはこれらの資料が存在していたと思われるが，文献には記載がないし現存している例もない。現存する中世ヨーロッパ最古の図面は13世紀のものである。そのため，中世の建築家は意思の伝達を口頭で行っており，建設状況に応じて最初の計画を訂正したり修正したりしたと考えられてきたが，それは，中世の大建築物に見られる高度な技術をないがしろにした考え方である。

⇦ルーアンのサン=マクルー教会の模型⇨レーゲンスブルクの聖母マリア教会の模型――模型は，建築家が建築主に自分の構想を説明する手段として利用された。1521年以降のものと思われるサン=マクルー教会の模型は建築物の正確な全体像を表している。木と紙粘土で作られており，高さは1メートルを超えている。聖母マリア教会の模型はもう少し古いもので，ヒーバーの設計に基づいて木で作成されている。類まれな美しさを持つ模型である。

計画の提示

建築家が建築主に自分の設計案を評価してもらうには，さ

まざまな方法があった。全体や細部の図面を提示するという方法もあったが，それよりも分かりやすかったのは模型である。模型は古代ローマ時代には普通に用いられていたが，カロリング朝時代から16世紀初頭までの北部ヨーロッパでは，現在のところ模型は見つかっていない。しかし，14世紀のイタリアや15世紀のフランスで模型が使用されていたという記録が存在する。例えば，ソワソンにサン＝メダール修道院が建設された時，ろう製の模型が作成されたという記録がある。また1398年秋にスリューテルは，シャンモル修道院にある有名な「モーセの井戸」の作成に取りかかる前に，格調高い石膏製の模型を作成させたという。

宗教的建築物の創建者の墓石の上に，その建築物の小さな模型を手にした創建者の彫像が置かれることがしばしばあった。その最古の例は，パリのサン＝ヴァ

⇩パラチナ伯の横臥像──16世紀以前にも，小さな建築物の模型を手に持つ創建者の肖像や彫像があることから，模型が存在していたことが分かる。ニュルンベルクに残る13世紀半ばのパラチナ伯の横臥像は，模型を持っている。

ンサン＝サント＝クロワ大聖堂の創建者ヒルデベルト王の横臥像で，時代は12世紀半ばまでさかのぼる。14世紀初頭以降になると，建築物の模型を持った創建者の彫像がポルターユに飾られるようになった。

建築主に提示されるこうした模型は，木や石膏，あるいは石で簡単に作ることができ，日常的に使用された。模型を使えば，巨大な建築物の全体像もしくはその一部を目に見える形で表現することができたのである。

⇩寄進者ジャン・ティサンディエ司教の像——トゥールーズのフランシスコ会修道院教会の後陣にあるジャン・ティサンディエ像は，1333年から1344年の間に造られたもので，自身が創建したリウー礼拝堂の模型を手にしている。その模型を見れば，それが形ばかりのものではなく，ますます精巧になっていく模型を正確に縮小したものであることが分かる。

図面の保存

羊皮紙が高価であったため，図面はまちがいなく模型より費用がかかった。最古の図面は，ストラスブールのノートルダム財団——ストラスブール大聖堂の建設を委任された財団で，教会財産管理委員会と職人の工房から成る——が所有するもので，その中の１枚は1250年代にまでさかのぼる。それには，おそらくパリで学んだ建築家が構想したものであろう，身廊をふさぐ西正面部分の最初の設計案が描かれている。他の図面は，この最初の設計案に対する修正図面である。結果的には，西正面部分が最初の構想通りに施工されることはなかった。

この時代全般にわたって，ウルム，ウィーン，フライブルク＝イム＝ブライスガウ，クレルモンなど，他の建設現場においても同様に図面の保管には気を配っていた。それは何も正面部分だけにかぎらない。側面図（ケルン），断面図（プラハ），礼拝堂（ストラスブール）の図面についても事情は同じである。その用途には疑問の余地がない。1381年，トゥールーズのノートルダム＝ラ＝ドラド教会の鐘楼の再建契約には，「羊皮紙の小さな巻物」が付いていたとある。また1473年の日付のある，パリのサン＝ジャック施療院の回廊入口の門に関する契約書には，図面が添付されている。石切り職人ギヨーム・モナンが施療院の経営者に提示するために作成したものである。

図面から建設へ

建築主に提示された資料は，そのまま施工に取りかかることができるほど細かいものではなかった。建築家は自分の考えを明確に示すために，別の資料を作成する必要があった。建設現場に伝えるべき詳細を指示した資料である。この種の資料は，たいてい作業の途中で散逸してしまったが，現在まで残っているものもある。例えばベルナルト・ノンネンマッヒャーが，1542年からストラスブール大聖

⇦ストラスブール大聖堂の正面の図面――ストラスブール大聖堂の2つの塔基部の間に建設された鐘楼は，1360年から1365年までの間に構想された。鐘楼の構想が固まるまでに熟慮が重ねられたことは，現在まで残る中世最大の図面（縦4.10メートル）を見れば分かる。図面にはさらに，彫刻に関する詳細な指示が色を用いて記載されている。

⇧ノートルダム財団の印章――ストラスブール大聖堂の財産管理者であり，地所と地代の権利所有者であるノートルダム財団の印章。正面から見た大聖堂が描かれており，鐘楼が強調されている。

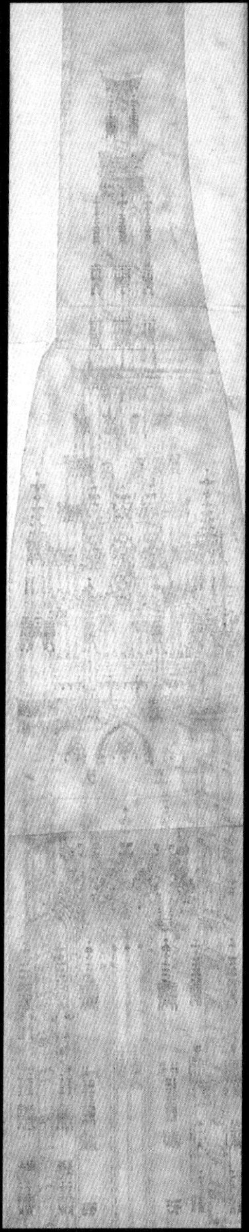

ストラスブール大聖堂の図面

ストラスブールのノートルダム財団美術館は，羊皮紙に描かれた図面の所蔵量が世界有数の美術館である。最古のものは13世紀半ばにさかのぼる。図面から，とりわけ正面部分において建築主が意匠の選択に迷う姿や，技術的理由から望みの意匠を断念する姿が見て取れる。左頁の正面部分の図面は，1250年代に計画されたものである。右頁左図の1275年頃の正面半分の立面図には，アーケードや開口部を重ね合わせた全体像が初めて描かれている。右頁右図の1490年以前にハンス・ハマーが描いた尖塔の立面図は，1439年に完成した北塔の大幅な修正案を示しているが，施工されることはなかった。この図面が結局一度も建設されることのなかった南塔の建設計画と関係があったのかどうかはわかっていない。

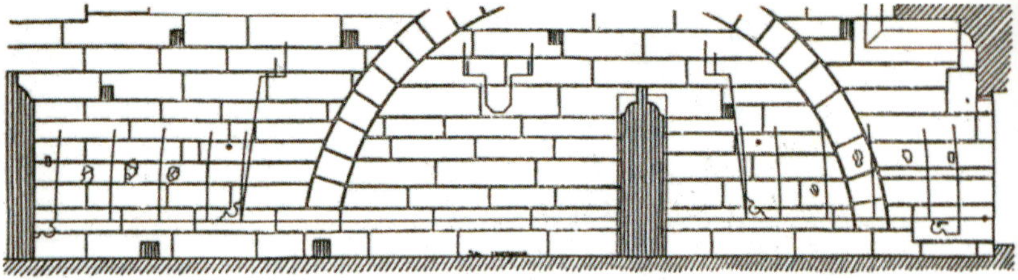

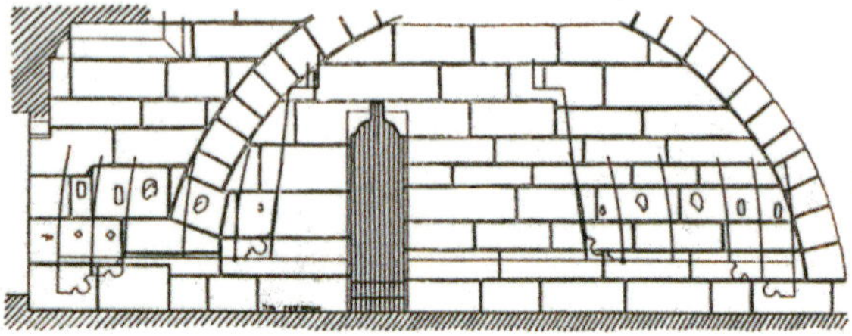

⇧⇦ランス大聖堂の正面ポルターユ裏側（上）と同，側面（中）の原寸図 ⇙パリ国立中世美術館の正面階段尖塔図面——石工の仕事の助けになるように，原寸図も描かれた。それらは石に刻まれたため，奇跡的に現在まで残っているものもいくつかある。ランス大聖堂の南翼廊には，トリフォリウム東側の壁に，建設された通りの中央ポルターユ裏側の図面（上図）が，西側の壁に，側面のポルターユの図面がある。その図面は大まかではあるが正確無比であり，実物大で，立面図と平面図を兼ねている。頭部の印——中央ポルターユに3つ，側面のポルターユに2つある——は，そこのアーチ部分に彫刻が施されることを意味している。20世紀の修復工事も当時の建設プロセスに忠実に従って行われた。パリ国立中世美術館の正面階段の尖塔（左図）も事情は同じである。石工頭は立面図と平面図を同一箇所に描き，切石列の諸相を強調している。色のついた線は，その部分の石を置き換えることを意味している。

堂内サント＝カトリーヌ礼拝堂の丸天井を修復した時に用いた図面である。そこには，交差アーチに使う石の切り方が，文字や数字を用いて詳細に指示されている。

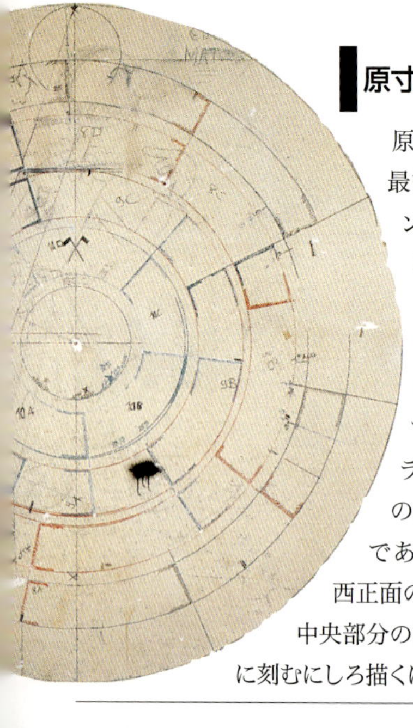

原寸図

原寸図もいくつか存在する。最も多く残っているのはフランスである。原寸図とは，石面に刻みつけるようにして描かれた図面で，建築物の一部が実物大で描かれている。確認されている最古の例は，バイランド（北ヨークシャー）のシトー会修道院の原寸図である。12世紀末のもので，西正面のばら窓と，同じばら窓の中央部分の詳細が描かれている。石に刻むにしろ描くにしろ，このような原寸図が使用されたのは，截石《せっせき》，つまり石の切り方を指示するためである。

図面は一般的に，「製図室」――文献に登場する最古の例は1324年以降である――でさほど耐久性のない媒体に描かれ，建設工事が終わるとともに捨てられてしまった。石に直接刻まれた図面はおそらくあまり一般的ではないと思われるが，建築物の床（ナルボンヌ大聖堂後陣の礼拝堂）や，内陣の外壁（クレルモン＝フェラン大聖堂）や，翼廊の壁（ランス大聖堂）に残されている。これらは原寸大に描かれているが，縮小された図面が石に刻まれている例もある。ソワソン大聖堂の南翼廊の石壁には，2つのばら窓の縮小図面が大

⇦スコットランドのロスリンの礼拝堂――1450年に建設工事が始められた，スコットランドのロスリンにある聖マシュー礼拝堂の聖具室には，北側と南側の壁に原寸図が刻まれている。そこにはさまざまな交差アーチと小尖塔が，奇妙な具合に重ねて描かれている。

まかに描かれている。一つはおそらくシャルトル大聖堂西正面のばら窓，もう一つはラン大聖堂北翼廊のばら窓である。こうした縮小石面図はところどころに残っているが，いずれも建築家の覚え書き程度のものだったと思われる。

木型——建築内容を証言するもの

文献を見ると，前述した「モル」と呼ばれる木型のことがあちこちに記録されている。これは一般的に木からくり抜いただけの非常に簡単な木片で，その形は，基部や交差アーチなどに施される刳形《くりがた》（訳注：柱などの表面にさまざまな凹凸をつけて作り上げる装飾的な意匠）装飾の断面図を表している。つまり石工は，この木型の形に沿って石材を加工するのである。木型が具体的に描かれた最古の例はシャルトル大聖堂の聖シェロンのステンドグラスで，13世紀初頭のものだ。そこには，木型がきちんと整理されて吊り下げられている石工の工房が描かれている。少し後の時代になるが，ヴィラール・ド・オヌクールの「画帖」はこの木型を多数記録した類まれな資料である。ヴィラールは木型の重要性をよく自覚しており，ランス大聖堂の放射状祭室を建設する際に使用した中方立《なかほうだて》（訳注:窓の開口部を仕切る縦材），交差アーチ，横断アーチ，壁付きアーチなどのさまざまな木型を書き留めておいてくれたのである。

資料保存という観点から見ると，ストラスブールやウルム

建築家は，建築物の構想を完全に掌握するために図面を描く必要があったが，こうした仕事を代理で請け負う者が存在した。製図者には，製図のために自由に使用できる場が割り当てられた。文献によってはその場所を，trasura（訳注：「製図室」の意）という名で呼んでいるものもある。製図室はルーアンやストラスブールやパリに存在していた。イギリスのウェルズやヨークには今も残っている（右図）。

⇧原寸図のうえで屋根組みを解説する木大工——図面は石造建築だけのものではなく，木大工にもこの技術が受け継がれている。

やウィーンでは資料が豊富なのに，パリやランスやボーヴェには資料が少ないことに疑問を感ぜざるを得ない。フランスやイギリスやスペインの大聖堂の多くには，図面が全く残されていない。たしかにそれらの建築物は比較的古いものであるが，その程度の時代の相違は資料が残っていない理由にはならない。そういう意味でもヴィラール・ド・オヌクールの「画帖」は，特にランス大聖堂の建設現場について重要かつ詳細な情報を与えてくれる貴重な資料なのである。

⇦⇩ヨーク大聖堂の製図室と床に描かれた図面――ヨークの「製図室」には，石工たちの手で特別に小部屋や暖炉が作りつけられており，今もその小部屋には型紙が保存されている。製図用の部屋の大きさは７×４メートルで，全く支柱がなく，実寸の図面を入れられるようになっている。三角定規やコンパスなど単純な道具を用いて作業が行われた。床に残された線画は，修道院内陣の側廊開口部の飾り格子の図面（1360年頃）とわかっている。

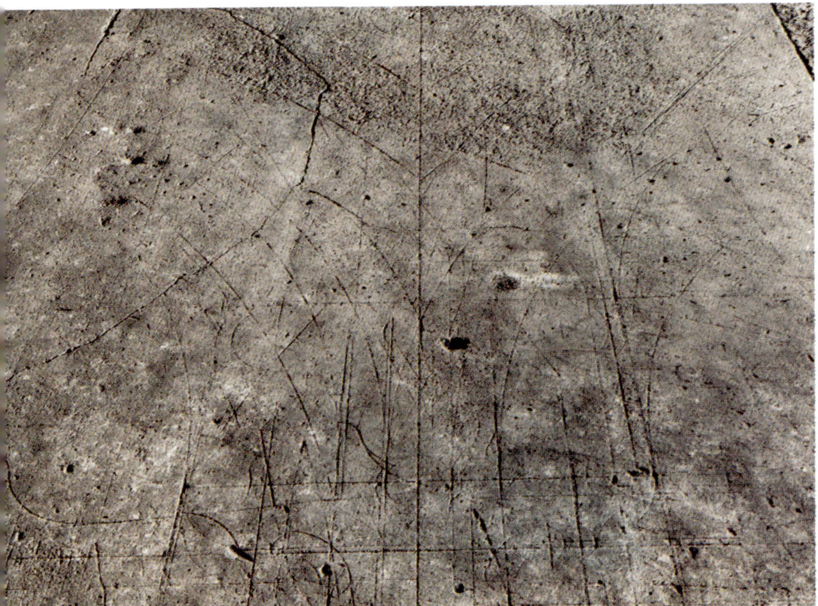

⇦シャルトル大聖堂の聖シェロンのステンドグラス（部分）——建築物や工事の品質は，現場の人々の記憶力にかかっていた。工事が遅れることを心配して図面と異なる仕事をすることだけは，何としても避けなければならなかった。なかでも刳形《くりがた》装飾の断面を設計どおりの形に保つ必要があったため，中世の時代には，刳形の断面図の見本となる「モル」と呼ばれる木型が作成された。13世紀初頭に職人組合が献呈したシャルトル大聖堂のステンドグラスには，コンパスの先に２つの黄色の木型がぶら下がった石工の工房が描かれている。

ヴィラール・ド・オヌクール

ヴィラールが1220年代に著し始めたとされる貴重な図面集は，19世紀中頃に発見された。それには，図面集を作成した目的が次のように書かれている。「本書を見れば，石造建築に関する助言，木工道具，肖像画の技法，幾何学的意匠が見つかるだろう」彼は自分のことを建築家だとは一度も言っていないため，身分についてさまざまな解釈がなされており，その真の人物像はあいまいである。しかし何よりも彼は，何事にも——なかでも当時の技術的進歩に——熱心な，好奇心の強い人物であった。絶え間なく湧き上がってくる好奇

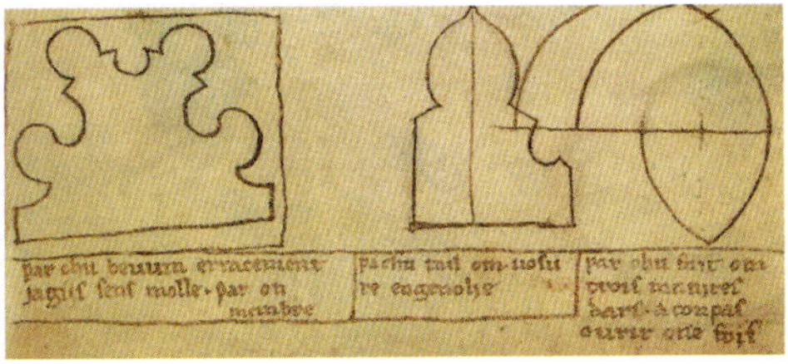

心を満足させるために，彼は直接間接を問わず，アイデアを得られるところならどこからでもアイデアを汲み取った。最近になって，この「画帖」に対して数多くの誤りが指摘されているが，彼のそうした性格を考えれば納得がいく。彼は「本物そっくり」と称して，いい加減なライオンをまるで実際に見てきたかのように描き，周囲の人々をだましてみせたが，今日ではある資料からそっくり真似て描いたことが確認されている。また，自分では必ずしもその構造を理解してなかった水力のこぎりなどの機械を描いたりもしている。

しかし，いくつかこのような誤りがあったとしても，それは，当時まれに見る才能の持ち主であったヴィラールの価値を損なうものではないし，彼が私たちに残してくれた当時の記録の価値を損なうものでもない。ただし，ほとんどの図面は，現存する建築物と何らかの関係があることは分かっているのだが，ヴィラールが直接それらを基にして描いたのかどうか分からないほど相違してい

⇧木型のスケッチ ⇙ 水力のこぎり——ヴィラール・ド・オヌクールは多くの木型を描いているが，なかでも多いのはランス大聖堂の東礼拝堂を建設する際に用いられた木型である（上図）。彼はまた，水力のこぎりのように高度に洗練された器具にも興味を示した（下図）。

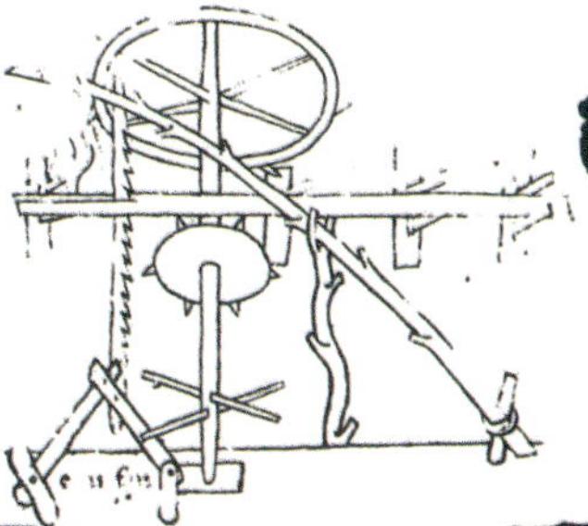

る。ヴィラールが描いたローザンヌ大聖堂やシャルトル大聖堂のばら窓の図面や，ランス大聖堂の内外の立面図や断面図は，現物からあまりにかけ離れているために，図面を描く時に単に間違えただけとも考えられない。単なる写し間違いではなくこのような相違が生まれたとすれば，ヴィラールは手に入れた何らかの資料を基にそれらの図面を描いたとしか考えられない。

一部の図面に付けられた説明文も，その考えを裏付けて

⇦「ラン大聖堂」――ヴィラール・ド・オヌクールは長い間ランスに留まり，建築家が参考資料として収集していたフランスやスイスの大建築物のさまざまな図面を見せてもらって研究した。ヴィラールはその一部を描き写したが，それが実際に建設されたかどうかということは彼にとって問題ではなかった。例えばラン大聖堂の塔の図面があるが，彼が何よりも興味を持ったのは，建築物の正確な形ではなく牛の彫像であった。

いる。説明文には，実際に建設されたもの――放射状祭室――とか，建設される予定であったがまだ建設されていないもの――中央交差部の柱の一つ――といった内容が明確に記されている。おそらく，ランス大聖堂の建築家が彼に一連の資料を提供したのだが，それは事実上放棄された計画の図面であり，何らかの理由のためにそうした図面がことさらヴィラールの興味を引い

たのだろう。建築家は他にも，放射状祭室の建設に使用した木型も彼に提供していたようである。まだ仮説の域を出ないが，おそらくランス大聖堂の建築家は，壮大な建設事業を前にして自分の構想を練っておくために，ヴィラールに提示したようなさまざまな建築物の図面を集めていたのではないだろうか。ヴィラールの図面が詳細図ばかりで全体図がないという事実が，この仮説を支える証拠と言えなくもない。ヴィラールの書は，新たな建築物の構想が，

⇦放棄された「ローザンヌ大聖堂のばら窓」の図面⇧実際のローザンヌ大聖堂のばら窓――ローザンヌ大聖堂に実際に建設された素晴らしいばら窓（上図）と，放棄された計画の名残である精彩を欠いた図面。

⇦放棄された「ランス大聖堂の飛び梁」の図面(⇨p.91左)ランス大聖堂の側面(⇨p.91右)放棄されたランス大聖堂の側面の立面図――ヴィラールは何らかの理由から，実際に建築されたランス大聖堂の断面図や立面図を作成するのではなく，放棄された図面を，おそらく放棄されたのを承知のうえで描き写そうとした。その際，彼はおそらくさまざまな部分を簡略化し，ある特定の部分しか描かなかったと思われる。左図は二連二層の飛び梁であるが，右頁右図の開口部の図面には，その飛び梁を省略して見やすくしている。現在の写真(右頁左図)と比較すると，類似点や相違点がはっきり分かる。

さまざまな建築現場から借りてきた既存の図面を参考にして練られていったという事実を雄弁に物語っているのかもしれない。建築内容がそのまま記録されたこのような資料は，構想の変更を避けたいと願う建築主にとってなくてはならないものであった。不変性の典型とされるランス大聖堂ではあるが，1211年に着工されたものの，正面部分に着手されたのはその50年も後のことだったからである。

図面を見る以外に，建築主に建築内容を確認する手段がないのは，昔も今も同じである。

❖「私たちは，スウェーデンのウプサラ大聖堂建設を任された石工の親方エティエンヌ・ド・ボンヌイユがすでに述べていたように，その地に行くことを告げに私たちの面前にやって来たことをお知らせします。そして彼は，かくかくしかじかの職人と徒弟を上記教会の建築現場に伴って行くことが，その教会の利益にもなるゆえに，正当だと認めました」……………

1287年８月30日にパリ長官に手渡された文書

第４章

建設現場

⇦「トロイの再建」⇨ノリッジ大聖堂の石工――15世紀末になり大聖堂時代が終わりを告げると，画家や挿絵師たちは建設現場を描いておかなければならないという強迫観念にとらわれた。ゴシック時代の大胆な試みを１枚の絵に総合的に表現するために，あらゆる画題をつめこんで描いた。

建設現場の組織づくりには難しい問題が伴った。どの現場にもあてはまる一般的な解決策というものはあり得ない。時代により，地域により，財政力により状況は変わった。それに人員の能力，技術，知識が一様でないため，集める人手によっても状況は変化した。

ヨーロッパ中を渡り歩く建築家

石造建築に関して言えば，11世紀のノルマンディ地方，12～13世紀のイール＝ド＝フランス地方など，まず北部地域で目覚しい進歩が見られた。それ以外の地域で，従来とは異なる技術に基づいた新様式の建築物が生まれたのは，その地に北部の人々がやって来て建設を行ったからである。革新的な建築物を建設するには，建築家１人を呼び寄せるだけでは不十分

⇩「石工と木大工を迎えるロードス島の聖ヨハネ救護騎士修道会の修道院長」──ゴシック様式の建築技術がヨーロッパ中に広まったのは，フランスの建築家やすぐれた技術者たちが各地の建設現場に呼ばれて行ったためである。こうした職人たちの同業組合組織は申し分ないほど規律正しいものであった。1480年，ロードス島では都市がトルコ軍に包囲されていたにもかかわらず，受け入れ側の修道院の院長が彼らを出迎えている（下図）。木大工２人の後ろに石工が描かれており，地面にはモルタル用の平桶，コンパス，直角定規，ハンマーなどの大工道具が見える。

であり，建築家の作業を支援できる高い技術水準を持った職人たちも一緒に連れて来る必要があった。

　このように外国人を雇う例は，各国各時代にいくらでもある。サンティアゴ＝デ＝コンポステーラ大聖堂の建設のために，老ベルナールが50名の石工を連れて現場に赴いた例は前述した通りである。1287年，エティエンヌ・ド・ボンヌイユがスウェーデンのウプサラ大聖堂建設を命じられた時も，彼は契約書に署名した後，パリで10名の職人と10名の若者を集め，彼らとともにパリを発っている。

　外国人施工者を雇うことで，建設予算は無視できないほど大きくふくらんだが，それでも建築主の野心を抑えることはできなかった。ただし，いつもそうだったわけではない。ギヨーム・ド・サンスがカンタベリに呼ばれて行っ

⇦「バベルの塔の建設」──思い上がりによる破滅を象徴するバベルの塔は，15世紀には建築にまつわる神話的意味を体現するようになった。バベルの塔は，挿絵師や画家が，目もくらむ高さにまで達した石造建築を描く格好の画題となり，その建設を可能にした人々や，起重機などの道具を表現するための手段ともなったのである。

た時，彼は自分の要求に応えられる人材を現地で調達した。ノルマンディ公ギヨームのイングランド征服以来，イングランド人は石造建築の技術を身につけていたからである。

組織化される同業の職人たち

石造建築の現場には主に2つの同業組合が動員された。木大工と石工の組合である。木大工と石工の同業組合は，時代が下るに従って，それぞれの専門性を強化する方向へと進展していった。その驚くべき成果を北部ヨーロッパの建築物に見ることができる。石造建築がもてはやされ，石造が優先される傾向があったにもかかわらず，木造建築にも後世の範となるような傑作が生み出されている。その好例が，ウィリアム・ハーリーがイギリスのイーリー大聖堂の中央交差部の上に建設した8角形の採光塔である。1322年に倒壊した

⇙ソールズベリ大聖堂の尖塔の骨組み——11世紀まで木大工は建築の世界全体を支配していたが，後にその地位を石工に譲ることになった。木大工は石造の丸天井裏に隠された骨組みの構築を担当するだけになったが，その仕事は高度な専門的技術を要するものであった。それらの多く，特にフランスのものは火事により消失してしまったが，イギリスには実に素晴らしい骨組みが保存されている。木大工の驚くべき技巧が発揮されるのは，尖塔の建設であった。ソールズベリ大聖堂の尖塔（左図）は最も見事な骨組みの一例である。

⇧グロスター大聖堂の建設現場で起きた事故を記念して彫刻された持出し（訳注：梁や庇などを受けるために壁面から突き出した部分）

鐘楼の代わりに建設されたものだ。また，石造部分における最も華々しい成果が見られるのも，やはり14世紀の北部ヨーロッパである。

ドイツ，イギリス，フランスの建築家は，斬新な丸天井を作り上げた。イギリス人は扇形ヴォールト（訳注：ヴォールトとはアーチをもとにした曲面天井の総称。扇形ヴォールトは横断アーチが扇状に広がっているヴォールト）を開発し，1446年にレジナルド・イーリーにより建設が始められたケンブリッジ大学礼拝堂に採用した。ドイツの建築家も，4分交差ヴォールト（訳注：横断アーチとその対角線のアーチとで，天井の1区画が4分されるヴォールト）をそのまま採用する

⇧イーリー大聖堂の8角形の採光塔――1322年，イギリスのイーリー大聖堂の8角形の採光塔を建設する際，建築家のウィリアム・ハーリーは，交差アーチ上に木造2層の採光窓を設置して，幻想的空間を作り出そうとした。軽い木材を使用したために，採光窓は広い空間を覆うことができ，2層の窓を通して空間を照らした。

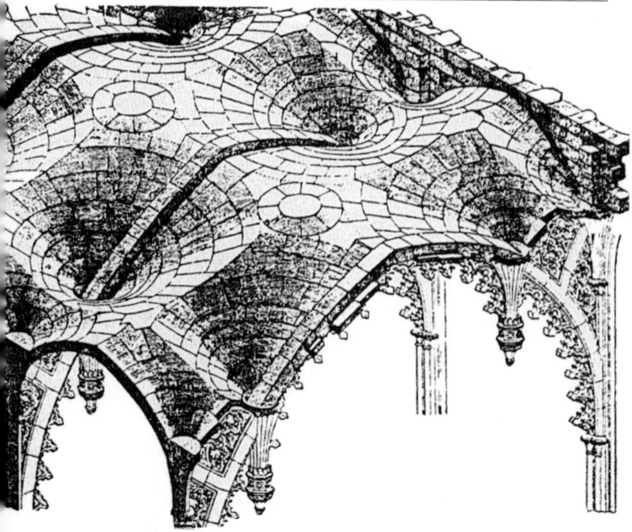

⇦ウェストミンスター寺院付属教会のヘンリー8世礼拝堂の扇形ヴォールトのスケッチ⇨ケンブリッジ大学礼拝堂の扇形ヴォールト——15世紀末，截石技術の発展により，建築術はヨーロッパの多くの地方で目覚ましい成果を見せた。イギリスの建築家は扇形ヴォールトを生み出したが，ケンブリッジ大学礼拝堂（右図）に見られるように，その構造は，交差リブ形の石材の装飾に覆われて隠れてしまっている。少し後の時代（1502年）になるが，ウェストミンスター寺院のヘンリー8世礼拝堂の内弧面（訳注：アーチの内側の面を指す）の図面は，扇形ヴォールトの最も見事な到達点を示している（左図）。ここに見られるように扇形ヴォールトは，壁沿いに半円錐を配し，中央部をやや高くし，2列の完全円錐を平行に並べることで支えられている。円錐の先端はペンデンティブ（訳注：正方形に置かれた四つのアーチとその上に架構されたドームの下縁に挟まれた球面三角形の小間）につながり，アーチがそれらを結び付けている。

だけに留まらず，プラハ城のヴラディスラフ・ホールに，幅16メートル，高さ13メートルの優雅な丸天井を建設した。それほど劇的な変化が見られなかったフランスでも，建築家たちは4分交差ヴォールトの影響から完全に解放された。1481年に着工されたナンシー近郊のサン＝ニコラ・ド・ポール大聖堂は，技術発展の成果を示している。

建築の手引書

このような技術の発展は，職業意識が高まった結果でもあり，求められる仕事が多様化した結果でもある。しかし技術の変遷をたどるのは容易なことではなく，多くの資料を，特に解説書を仔細に検討してみる他ない。神聖ローマ帝国では，15世紀末に建築技術に関する書物が著され，それは後にルネサンス時代の手引書となった。フランスではフィリベルト・ドロルムが，著作のなかで中世の建築思想とその技術を紹介している。なかでも最古の技術論を著したのは，レーゲンスブルク大聖堂の施工を担当したマテス・ロリツァーである

(1486年)。しかし，こうした著作の多くは著者の意図の限界をも露呈していた。そこには詳細にわたる「秘訣」がしばしば記されていたが，そのようなものは専門家にしか理解できなかったからである。そもそも，それらの書物がかぎられた地域を越えて広まったかどうかも確認されていない。

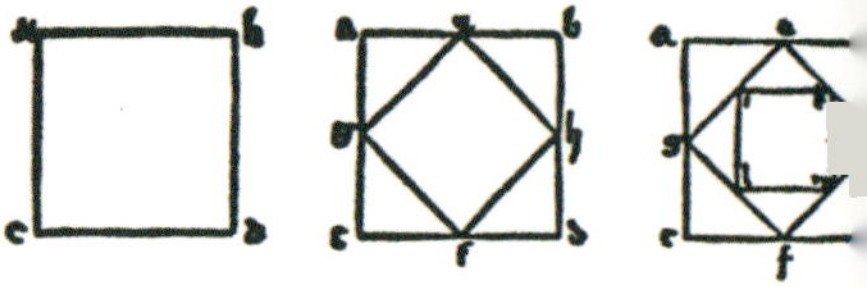

⇦ブールジュ大聖堂の石工のステンドグラス(部分,13世紀) ⇧マテス・

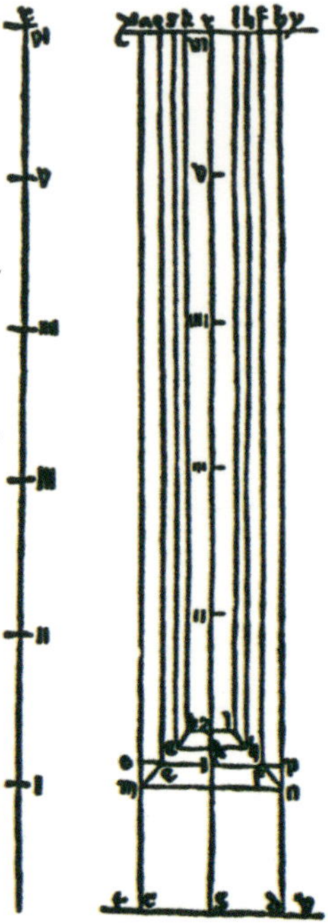

ロリツァー画「小尖塔の平面図と立面図」――マテス・ロリツァーの技法書は，幾何学の重要性を強調している。彼は，コンパスと定規を使用して作成した平面図から，小尖塔の立面図（上図）を描いているが，その寸法は非常に正確である。

さまざまな職人，専門化する仕事

建築現場では，こういった知的労働者と，現場の作業の大部分を占める肉体労働者たちとの差が拡大していた。挿絵にはよく，水や石材，石灰の運搬夫の姿が描かれているが，彼らは仕事単位か，条件がよければ日単位で支払いを受け,現地で募集された。しかし，モルタルをこねる職人となるとそうはいかなかった。モルタル製造の技術は建設に不可欠なものであり，その技術を習得するには個人の努力が必要だった。このように，施工に関わる仕事を分析してみると，個人個人の専門知識などによる差が浮き彫りになってくる。勘定書に記

された給料の違いを見れば，その差は歴然としており，一部の職業が特殊なものであったことが分かる。とはいえこの時代は，報酬の総額がいくらだったかはっきりしないうえ，報酬に加えて現物支給が行われていたため，給料だけで単純に比較できないのも事実である。

⇩「バベルの塔の建設」——当時の人々の目には，建築家は数字の魔術師のような存在であった。

「高度な技」

勘定書を見ると，石を積み上げて壁を作る石積み工の仕事が高等な作業に分類されている場合もあるが，こうした区別はいつも明確に決まっていたわけではなく，現場によって異なっていたと思われる。

石切り工は特権的な地位を占めていた。石切り工は，建築家もしくは石工頭が建設を進めるうえで欠かせない存在であり，技術の変化に対しても決定的な影響力を持っていた。石切り工のおかげで，金槌で割っただけの石で造られた田舎じみた建築物が，目地や接合部が目立たない調和の取れた構造物へと変わったのである。このような革新を成し遂げるには3つの要素が不可欠であった。石切り工の初期教育，石切り工による専門道具の製作，石材の選択である。こう

した点については，資料には一般的にあまりはっきりしたことが書かれていないため，それを読んでも大した情報は得られない。それよりもむしろ建築物を分析する方が得るところは大きい。建築物に顕著な相違が認められるのであれば，それは，呼び寄せた職人たちの技術レベルが違っていたということである。

石に刻まれた署名

職人たちが石材に残したマークは，この点について貴重な情報を提供してくれる。石材の目に見える面に巧みに刻まれた職人たちのマークには，自分が入念に切り整えた石を誇るかのように署名した職人の心意気が表れている。同一のマークが多くの建築物に残されているため，そこから建築物の年代が分かる場合もある。そのいい例が，パリのサン＝ジェルマン＝デ＝プレ教会である。修道院長モラ

ールは，この教会の鐘楼付きポーチから再建に取りかかったが，工事の途中で死んでしまった（1014年）。工事はなおも続けられ，南に位置するサン＝サンフォリアン礼拝堂，交差廊の東に位置する鐘楼と順に建設が進められ，最終的に身廊を建設して完成を見た。積まれた石材にはさまざまな職人のマークが刻まれているが，なかには上記の部分すべてに共通して見られるマークもある。ということは，それらすべてが1世代のうちに建設されたということである。同様に，イギリスのチュークスベリで発見されたマークには，フランスのマンシュ南部で見つかったマークと同一のものが多数ある。石工たちは，海峡をまたいであちこちの建設現場を渡り歩いていたのであろう。ここで忘れていけないのは，こうしたマークが，個人のサインであったということである。つまりマークを刻むことで，石を切り整えた職人に出来高払いで給料を払うことができたし，それと同時に切り石の品質を評価することも可能になったのである。こうしたマークがない場合もあるが，それは仕事単位，日単位など支払いの形態が違っていたか，石切りの技術にそれほど注意を払う必要がなかったのであろう。報酬の支払い形態は，地域により組織により異なった。今日見られるような建設会社のようなものも存在していたかもしれない。それを証明する資料はないが，11世紀以降のパリのように建設活動が盛んであった都市では，そのよう

⇧サン＝ジェルマン＝デ＝プレ教会（パリ）に残された石工のマーク――11世紀初頭以来パリの石工は，きれいに切り整えた石には自分のマークを刻むよう心がけていた。この教会の鐘楼付きポーチには，鍵形のマークが見える。

⇦「円柱の根継ぎ」――根継ぎとは土台を取り替えることである。中世の建築家や石工は，根継ぎの技術にかけては名人であった。パリのノートルダム大聖堂の内陣やモー大聖堂に，その例が数多く残っている。1231年にはサン＝ドニ修道院付属教会の建築家が同様のことを行っている。周歩廊の丸天井をそのまま残して内陣の土台だけを取り替え，12世紀の冠板（訳注：柱頭の上に置かれて梁を支える板）を後世に残したのである。この作業の様子が描かれた資料もある（左図）。

⇧「バベルの塔の建設」——石の加工から石積みまで，中世の建設現場を描いた絵は，あらゆる仕事に携わる人々をまとめて描いている。バベルの塔を表現した上の絵には，こうしたさまざまな人々が類型的に描かれるとともに，二重滑車を持つ起重機など専門的な器械が描かれている。

なものがあったとしてもおかしくはない。12世紀半ばからは建設活動が活発化するばかりで，もはや鈍化することはなかったからである。

シトー会の「賃金労働者」たち

シトー会の建設作業を見れば，そうした事実がさらによく理解できる。12世紀末のシトー会は，助修士の管理に関するさまざまな問題に直面していた。それまで建築現場で労働力として使われてきた助修士たちが，仕事内容に不服を申し立てるようになったのである。こうして13世紀中頃には助修士たちの建築に対する使命感も希薄になったため，人手は外部から集められるようになり，それに伴い給料が支払われるようになった。1133年以降クレルヴォー修道院の聖ベルナールは，労働者を雇い，新たな建設作業に携わる修道士の手伝いをさせている。労働者たちは仕事単位で給料を受け取り，切り石に署名することで自分たちが手掛けた跡を残した。そうした例は，多くのシトー会修道院で見られる。石に刻まれた署名の美しさは，切り石の品質の高さを物語っており，シトー会の人々が信義にかけて最高の石工を集めていたことが分かる。

さまざまな建設の請負例

やがてこうした個人個人のマークは，親方のマークへと変わっていったようである。1500年にパリのノートル＝ダム橋が建設された際，5つの作業場が組織された。それぞれの作業場を指揮する者として石工長が置かれ，それぞれ14名の石工がその命令に従い，切り石に石工長のマークを刻んだ。

あまり細かい研究がなされていないありふれた建設現場

⇙ベルナール・ド・クレルヴォー⇩「シェーナウのシトー会修道院の建設」――当初紙にインクで描かれ，16世紀後半に版画で複製された下の絵には，ドイツのハイデルベルク近郊にあるシトー会のシェーナウ修道院の建設の様子が描かれている。シトー会修道士が建設現場で働いていたことを示す貴重な証拠である。修道院創建と修道院付属教会建設を行った聖ベルナールの役割を知らしめすために，手に建築模型を持った聖ベルナールの彫像が15世紀に制作された。

の資料でも，現場の人員組織を理解する助けにはなる。以下の例はイングランド王がボーマリス城を築いた時の建設現場に関するものである。1268年から1270年までの勘定書によれば，職人が1630名，石工が400名，鍛冶職人・木大工合わせて30名，雑役夫兼荷車引きが1000名いたという。一般的に財源が豊富な現場，つまり財政難に苦しんでいるわけではない現場の職人の比率は，このようなものであった。オータン大聖堂の教会財産管理委員会の勘定書（1294〜1295年）には，給料に関する記述がある。それによると,雑役夫は７ドゥニエ，石膏職人やモルタル職人には10〜11ドゥニエ，石工には20〜22ドゥニエが支払われたとある。給料が３段階に分かれていることからも，現場に確固とした上下関係が存在していたことが分かる。

建築資材の主役：石

建築物の品質は，注意深く資材を選択することにかかっている。古代の人々も中世の人々も，良質な資材を見つけるのには苦労した。現代においても，昔の大建築物の修復に取りかかる際に，元の採石場は石が掘り尽くされてしまっていたり，以前ほど良質の石が採れなくなっていたりするために，この問題を痛ましいほど実感している。11世紀以降，大規模な建築物を建設しようとする際，建築主や施工者は，良石を見つけ出し，骨組みの木材を探し，よく鍛えた金属を手に入れる必要があった。なかでも，建設に携わる中世の人々が最初に心配したのは，良質の石材を

（⇦中央）爆撃を受けたランス大聖堂（1917年）
（⇦左，右）「建設現場の人夫たち」――建築家は，建築現場における石材の運搬や取り扱いを常に気にかけていた。1917年に爆撃を受けて破壊されたランス大聖堂の交差廊の写真を見ると，切り整えられた石，刳形が施された石，乱積みの石などさまざまな石材が用いられているのが分かる。加工済みの石の運搬は，角を壊さないように細心の注意が払われたが（左図），乱積み用の石の運搬に関しては，そのような注意を払う必要はなかった（下図）。

手に入れることができるかどうかであった。そのため，間近な場所にある採石場を所有するか，なるべく低額で採石場を確保し，それを自由に利用できる状態にしておくこと，それが司教や修道院長，国王，領主ら建築主の主要な関心事であった。恵まれた場所では，現地で石を採掘すればよかった。そのような例は軍事用建築物に多く見られる。例えば，シノンやクシー，シャトー＝ガイヤールの城砦がそうであり，シャトー＝ガイヤール付近の岩盤には採石された跡がいまだに残っている。標高700～800メートルに位置しているペイルペルテューズ，ケリビュス，ピュイロランスといった城砦も，現場で採石できなければ建設できなかったであろう。また，ボーヴェの城壁などに見られるように，ローマ帝国時代末期から残る建築物や，時にはもっと後の時代の建築物から石材を回収して利用することもあった。

採石場

建築物に対する野心が徐々に大きくなってくると，このような方法ではもはや満足できなくなったのであろう，文献のなかには，建築主がその当時忘れられていた採石場や，採掘が行われなくなった採石場を探しに行ったという話がいくつも出てくる。11世紀初頭，カンブレー大聖堂を再建するために，司教ジェラール1世は採石場の探索を行い，カンブレーからおよそ10キロメートル離れたレスダンでついに採石場を見つけたという。また，シュジェ修道院長は，サン゠ドニ修道院付属教会の周歩廊の柱に適した石を探し求め，ポントワーズ近郊に最適の石を供給できる採石場を発見している。出費を抑えるためには，採石場を買い取る（ラン大聖堂の採石場となったシェルミジなど）か，建設の間，採石場の採掘権を取得する（トゥール，トロワ，モー，アミアンなど）必要があったが，採石場がすでに修道士の所有になっていた場合も多い（リヨン，シャルトルなど）。また，個人が採石

場を所有し，商業利用していた例もある。パリではビエーヴル河畔の丘で採石を行っていたが，そこは個人所有であったと考えられている。採石場が遠くにあると，大きな問題がいくつも発生し，出費もかさんだ。

イングランドが征服された直後，海峡を越えてイングランドに渡ったカーン（現在のフランス北西部の都市）の石材の量は，何百万トン単位であった。カンタベリ大聖堂も，聖オーガスティン修道院付属教会も，ウェストミンスター宮殿も，ロンドン塔も，バトル修道院もこうして建設されたのである。

（⇦p.104左）坑道の採石（⇦p.104右）露天の採石 ⇙アッピア街道から見たチェチリア・メテッラの墓（ローマ）――採石は坑道で行われることもあれば（左頁左図），露天で行われることもあった。坑道の場合，崩壊を防ぐために木材の支柱を立てる必要があったので，その分費用がかかった。採石工の仕事は特に危険で，岩盤の選択や採取する石塊の大きさの見積もりなど，たしかな知識が必要とされた。つるはし，突き棒，木製くさびといった道具が，石塊を採掘するために使用された。経済的な理由から，昔の美しい建築物の下部に使用されていた化粧仕上げ済みの石を回収することで費用を節約していた場合も多かったと思われる。ローマ時代のチェチリア・メテッラの墓にその例を見ることができる（右頁）。

スタンフォード近郊で採石場が発見されたのはその後であった。こうした石材の運搬は，建築の成否を握る鍵であった。ギヨーム・ド・サンスは，船から石材を降ろす器械を考案している。

重い建材の運搬

平底船が発明されて以来，水路は最も実用的で，最も費用のかからない運搬路となった。パリの場合，平底船でビエーヴル川を下り，セーヌ川の細い分流を通って，ノートルダム大聖堂の建設現場に近いシテ島の東端で積荷を降ろしていた。他にも大小さまざまな河川が利用された。例えばゴズラン修道院長の指揮の下，ニヴェルネからサン＝ブノワ＝シュル＝ロワール修道院までロワール川を利用して石材が運ばれた。積荷の上げ下ろしを繰り返さなくてすむように運河が整備された場所もある（リーヴォー，ベリーセントエドマンズ）。

時には陸路を避けて通れない場合もある。そういう場合には

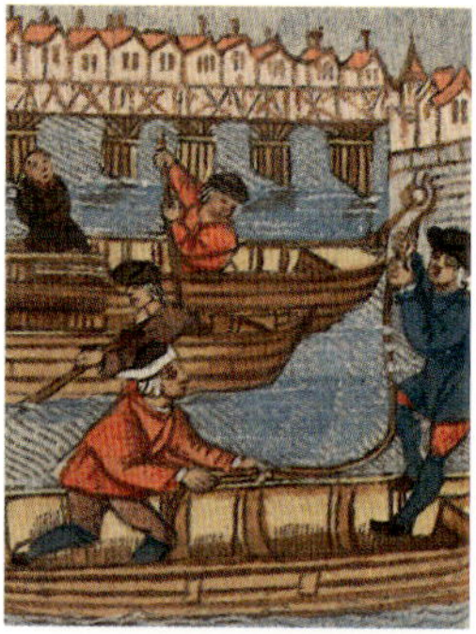

⇧「セーヌ川を使った輸送」⇦ラン大聖堂の塔に設置された牛の彫像——石材は水路か陸路で運搬された。水路の場合，特別に考案された平底船が建設現場にいちばん近い場所まで運んでくれた（上図）が，事故を防ぐため，あまり多くの積荷を載せることはできなかった。陸路よりも費用のかからない水路ではあったが，積荷の上げ下ろしをしなければならないという不便さもあった。陸路では，牛馬，なかでも牛が重要な役割を果たした。その結果，中世の街道のあちこちに見られた温和で力強い牛は，賛嘆の対象となった。ラン大聖堂の建築家は石にその姿を刻んで，牛に敬意を表した（左図）。

できるだけ短い経路を取るようにした。14世紀初頭にポワシー修道院分院を建設した際には，コンフランの採石場で採掘した石は，まずセーヌ川上を船で運び，その後ぶどう畑をまっすぐ突っ切るように作られた道を通って建設現場に運んだ。陸路の高低差が激しい場合には大きな問題となった。ラン大聖堂の採石場のあったシェルミジは，ランから17キロメートルも離れていたうえ，大聖堂自体が100メートルもの高みから平野を見下ろす山の頂上にあったため，石材の運搬には，牛が牽引する大掛かりな荷車隊を組織する必要があった。人々は塔の頂上部に牛の彫像を置くことで，牛に謝意を表した。

中世は，大掛かりな運搬方法についてさまざまな発想が生み出された時代でもあった。古代ローマ時代には500キログラムの積荷が限界だったが，頸輪《くびわ》が発明されたり，馬を縦につなげたりすることで，2トン半の積荷を引くことが可能になった。牛も馬もその牽引力はほとんど同等であったが，速度に関しては馬の方が1.5倍速かった。

工事費に上乗せされる運搬費はかなりの額に上った。実際に作成された勘定書を見れば，その辺りの様子がよく分かる。ノーリッジ大聖堂の場合，カーンの石材をイングランドに運んで建設したために，建設費が4倍になったという。トロワ大聖堂建設の際にも，およそ60

⇩「つながれた牛」――「牛の顔は力と強さを示している。実り多い天の雨を受け入れるために，知識の畝溝を掘り起こす力である。またその角は，何物かを保護する不屈の力を象徴している」
偽ディオニシウス・アレオパギタ

キロメートル離れたトネールの採石場を使用していたため石の価格は5倍になった。1412年，ロマンに橋を建設した時の迫石《せりいし》（訳注：アーチを構成するくさび形の石）100個の値段は72フローリンであったが，その運搬費は陸路分が40フローリン，水路分が20フローリンだったとある。

木材の運搬も例外ではなかった。同じくロマンの例であるが，1390年，長さ18メートルのモミ材30本の値段が50フローリンだったのに対し，その運搬費用は425フローリンであった。イゼール川まで木材を運ぶのに，150名の人夫，80組の牛が必要だったからである。しかしこのような出費にもかかわらず，水路や陸路には，作業中の現場に資材を供給する平底船や荷車が絶え間なく行き交っていた。11

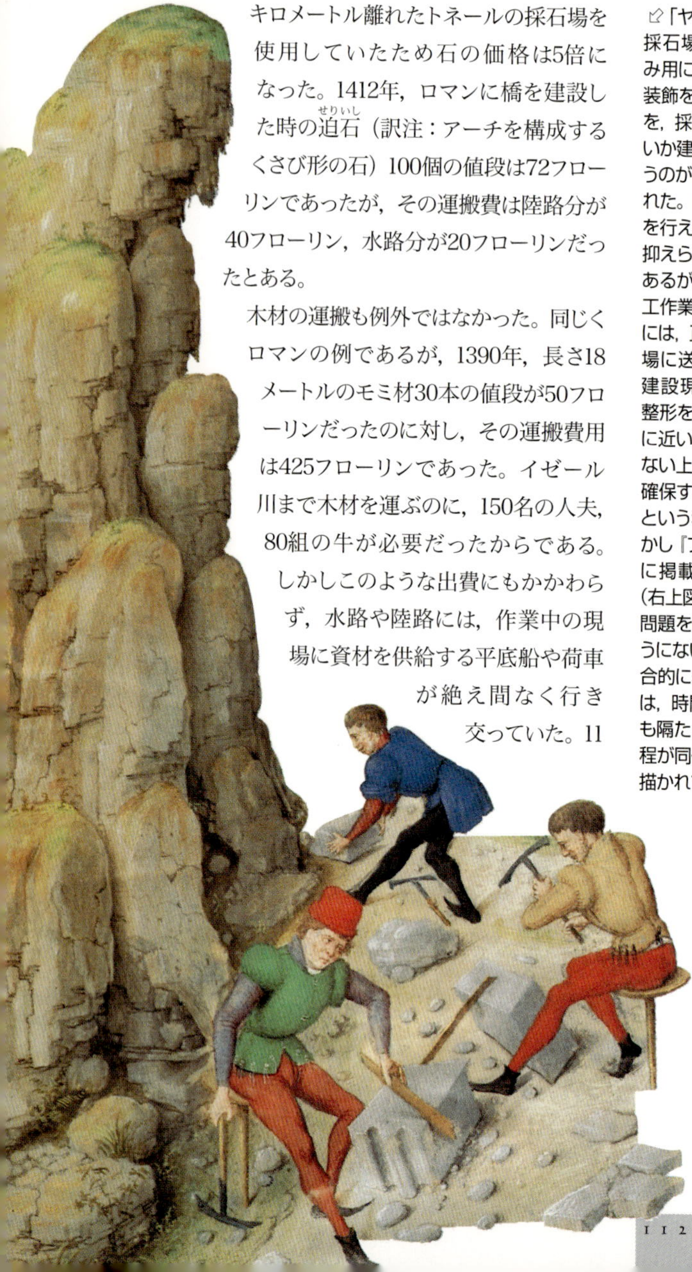

⇨「ヤッファの壁の建設，採石場」――石を組積み用に切り整えたり刳形装飾を施したりする作業を，採石場で行うのがよいか建設現場のそばで行うのがよいか試行錯誤された。採石場で石の整形を行えば，運搬費が低く抑えられるという利点があるが，その代わりに加工作業を次々と行うためには，正確な木型を採石場に送る必要があった。建設現場のそばで石の整形を行う場合は，現場に近い分，時間のロスがない上に，石工の宿舎を確保するのが容易になるという利点があった。しかし『フランス大年代記』に掲載されていた挿絵（右上図）を見ても，この問題を解くことはできそうにない。建設現場を総合的に表したこの情景には，時間的にも空間的にも隔たっているはずの工程が同一の場所に同時に描かれている。

⇦「建設現場を訪れるダゴベルト1世」――モルタルは建設現場付近で作られ，固まらないうちに人夫が背中に担いで運んだものと思われる（下図）。建築物の品質は，石材の品質とともに，モルタルの原料となる富石灰の品質にも左右された。

世紀半ばのノルマンディ地方，11世紀末のイングランド，12世紀後半のイール＝ド＝フランス地方では，近隣でいくつもの建設作業が同時に行われていたことを考えれば，このような光景が日常的であったことも納得できるであろう。

採石場の石切りと建設現場の石切り

建築主が，積荷を軽くして費用を切りつめようとしていたことは容易に想像がつく。そのため，石を荒削りするだけでなく，きれいに加工するところまで採石場で行われるようになった。イングランドの現場にいたギヨーム・ド・サンスは，石を加工する見本となる木型をカーンの採石場に送っている。こうして，木型

Das die ersten engelschen in das elsas
kamen und gar grossen schaden tatent

15世紀の建設現場

建築資材の運搬以上に，建築資材を持ち上げるのには大きな困難が伴った。古代ローマ時代の建築家が発明した道具の知識は一時期失われてしまっていたが，いつの間にか革新的な建設現場において復活を果たしていた。そうした知識の差は，地域によって非常に大きかったと思われる。ディーボルト・シリングによる『ベルン年代記』〔『シュピーツ年代記』（1484～1485年）〕に掲載されているストラスブールの街の挿絵には，城壁など完成した建築物のなかに，未完成の大聖堂の南平屋根部分に設置された起重機が垣間見える（左頁）。同じように，鉤爪など石材を持ち上げるためのさまざまな道具類（右頁上図），平底船から積荷を降ろすかご型回転子（右頁下図）も描かれている。また他の挿絵には，石を加工したり，馬の引く二輪荷車で石塊を運搬したり，加工した石を鉤爪で配置したりする場面など，現場作業のさまざまな様子が描かれている（次頁）。

（P114～117）ディーボルト・シリング著『ベルン年代記』もしくは『シュピーツ年代記』所収の挿絵

の情報が各地に広まった。

ヴェイル・ロイヤル修道院建設の際（1277年と1298年）には，幾千もの石材を採掘・加工するために，石工が助手とともに採石場に派遣された。1253年にウェストミンスター寺院が建設された時も事情は同じである。化粧仕上げはもちろん，迫台，飾り格子，刳形装飾など，加工された石は，人目につく部分に使用されたため，その人選には細心の注意が払われた。

木材と骨組み

木工事にも同じような問題があったが，木材の場合10～11世紀に野蛮なほどの森林破壊が行われたために，問題はいっそう深刻であった。丈の高い樹木がほとんどなかったのである。12世紀にシュジェは，サン＝ドニ修道院付属教会の骨組みに使用できる木材を見つけることはできないだろうと言われていたにもかかわらず，奇跡的にイヴリーヌの森で発見した経緯を得意げに語っている。当時の君主，領主，司教，修道院長は，建設に不可欠な木材を確保するために，所有する森林を計画的に維持する事業に乗り出した。シトー会の修道士たちも，所有する

⇧「建設現場の風景」⇦「ノアの箱舟の建設」(『ベッドフォード公の祈祷書』)――15世紀初めの『ベッドフォード公の祈祷書』には,「建築家」ノアが,ノアの箱舟の建設を指揮している姿が描かれている(左図)。一風変わった趣向で木造家屋の建設の様子が表現され,木大工の用いるさまざまな道具が詳しく描かれている。そうした道具は,木造の橋と建築物の骨組みを作るために木を伐採している様子を描いた上の挿絵にも見える。

森林を拡大しようときわめて熱心に活動を行っている。こうして無秩序な伐採は終わり,計画的に資源が利用されるようになっていった。それでもやはり,13世紀になっても建築家は木材不足に悩まされた。ヴィラール・ド・オヌクールもそういった話を何度も聞かされており,規定より短い木材を使って橋を建設する方法を紹介している。

いくら石材が木材に勝利したと言っても,木材が欠くことのできない資材であることに変わりなかった。それは骨組みに利用されるほか,建設現場の足場にも利用された。14世紀半ばにウィンザー城が建設された際には,3944本の木材が必要だったという。

採石場の場合と異なり,一般的に建築主は――少なくとも北部では――広大な森林を所有していた。したがって,

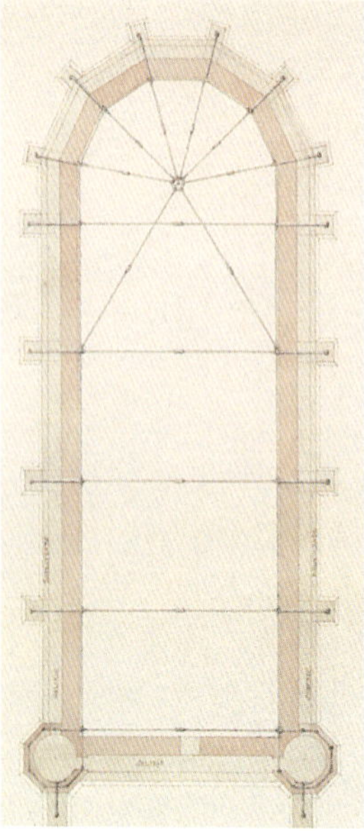

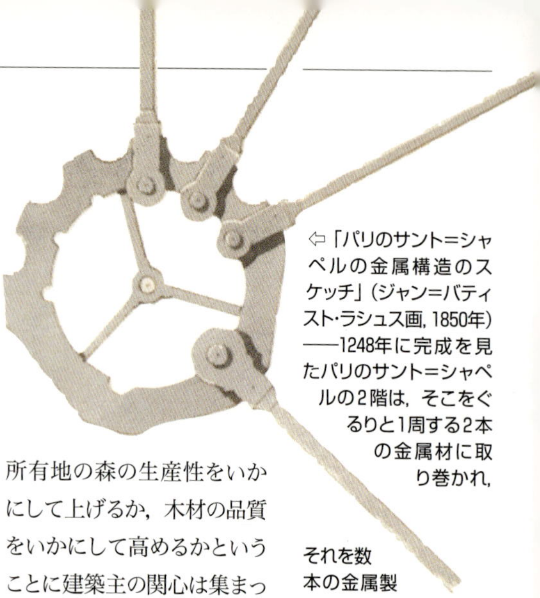

所有地の森の生産性をいかにして上げるか，木材の品質をいかにして高めるかということに建築主の関心は集まった。ただし，運搬費は依然として高くついた。

⇦「パリのサント=シャペルの金属構造のスケッチ」（ジャン=バティスト・ラシュス画，1850年）──1248年に完成を見たパリのサント=シャペルの2階は，そこをぐるりと1周する2本の金属材に取り巻かれ，それを数本の金属製のつなぎ材で補完している。つなぎ材は締め付け具の付いた扶壁の間に張られ，屋根組みの下に隠されている。後陣部分はいくつものつなぎ材が1つの金具で留められており，さらに全体が縦材で補強されている。1階は，金属製のつなぎ材が小円柱と外壁をつなぎ，後陣の交差アーチはその形に沿った鉄棒でアーチ自体が補強されている。上図はその詳細。

金属：必要不可欠な資材

あまり知られてはいないが，石造建築に不可欠な資材がもう一つある。それは自然の産物ではなく，人の手で作られたもの，すなわち金属である。採石場での採掘から最終的な石の加工に至るまで，すべての過程で金属が使用されるため，金属の加工技術の発展と建築の進歩とは決して無関係とは言えない。石の加工品質と加工に用いる道具の品質──鋭利で，よく鍛えられていて，磨耗しにくい──とは，切っても切れない関係にある。ここでもまた強調しておかなければならないが，それらは地域により建設現場により著しい相違があった。それまで慣れ親しんできた習慣をやすやすと変えることはできなかったのであろう。12世紀に北部で石切り用の槌が現れると，一種の革命として受け入れられたが，当時それを利用する術を知っていたのは一部の石工にかぎられていた。

1120年代以降のシトー会の施工品質の高さは，修道士たちの技術的進歩と合わせて考えるべきである。修道士たちが最も気をつかっていたのは，金属――鉱石の発見とその採掘――であった。それは，フォントネー修道院建設の際に，鍛冶場が，日常生活が営まれる場ではなく，宗教活動が行われる禁域内に設置されていたことからも分かる。こうした金属への関心が石造建築の進歩を促したのである。

こうして新たに開発された技術は急速に広まっていったと

☞ 爆撃を受けたサン=カンタン参事会教会――レヨナン式建築が始まるずいぶん前から，金属はすでにゴシック建築のなかで大量に利用されていた。ソワソン大聖堂の南翼廊（1170年頃）にその最古の例を見ることができる。サン=カンタン参事会教会（左図）では，アーチ下部の垂直に立ち上がった部分のかなり上につなぎ材が設置され，丸天井の重みを支える力を補う役目を果たしていた。その中央に設置された締め付け具は，このつなぎ材を締めたり緩めたりするもので，飛び梁に勝るとも劣らないほど効果的な役割を果たした。このつなぎ材は，19世紀末に後陣から取り外されてしまったが，身廊には使用され続け，第一次世界大戦で爆撃を受けた時も丸天井を守り通した（左の写真）。破壊されたのは格間（訳注：丸天井のアーチで区切られた部分）のみである。しかしこの後再建された時には，身廊のつなぎ材も取り外されてしまった……。

思われる。さもなければゴシック建築自体成り立たなかったであろう。さらに金属は，レヨナン式建築に不可欠な要素であった。レヨナン式建築は，パリのサント＝シャペルに見られるように，鉄で補強されることを想定していたからである。補強には，かなりの量の金属が必要であった。ということは，かなりの量の鉱石が必要であったはずだが，13世紀に鉱石がどこで産出されたかはいまだに分かっていない。多くの資料から，15世紀には金属をスペインからきわめて高価な値段で輸入していたことが確認されているが，13世紀からそうだったのかどうかは不明である。

⇦「鐘を持ち上げる仕組み」（マリアーノ・タッコラ著『器械について』）――1381年シエナに生まれたマリアーノ・タッコラは，1449年『器械について』を著した。その著作のなかには多くの器械が描かれている。タッコラはレオナルド・ダ・ヴィンチほどの発明家ではなかったが，絵画センスを持つ天才的な編纂者であった。さらに彼は，自分で新しく考案したいくぶん素朴な装置について，以下のような説明文を書いている。「巻き上げ機などの持ち上げ装置を使って，鐘を鐘楼もしくは塔まで持ち上げなければならないと仮定しよう。鐘を引き上げるために，石をいっぱいにつめた箱を反対側に吊るす。そうすれば，箱は下がり鐘は持ち上がる」（左図）

器械

建築に関する問題として最後に挙げられるのは，どのような器械が用いられ，それが具体的に人間の作業をどのように補助したかということである。器械もまた，中世の間に多くの改良が施された。古くからあったものが再発見された

例も多いが，中世の技術者たちは，それを見事に分析・改良・合理化してみせた。器械は古代ローマ時代から存在しており，当時から徹底的な研究がなされていたが，中世になって奴隷の労働力に頼ることなく巨大な建設作業に取り組まなければならなくなると，器械は必要不可欠なものとなった。当時の器械を書き記した資料は数少ないが，それを見れば技術が急速に変化していった様子が推測できる。

例えば，バイユーのタペストリーに描かれているヘースティングスの戦いと，プランタジネット朝とカペー朝とが相争った長期にわたる戦争との間には，150年ほどの開きしかないが，両戦争の内容は全く異なるものであった。それに比べれば，20世紀初頭の塹壕戦と，驚くべき技術が駆使された1992年の湾岸戦争との差も大きいとは言えない。

中世を研究しているとしばしば感じられるこのような急激な変化は，この時代を理解するうえで非常に重要な要素である。

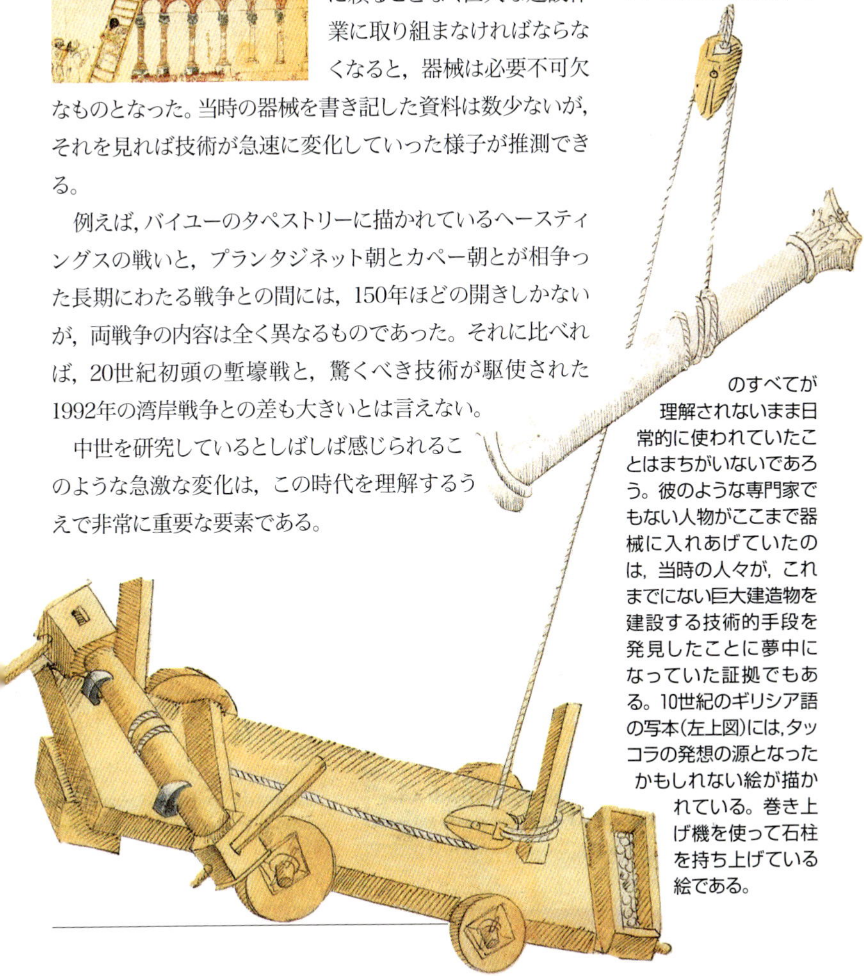

⇦「教会の建設」⇩「円柱を持ち上げる起重機」（マリアーノ・タッコラ著『器械について』）――タッコラは，自身が考案した二重運搬車とも大運搬車とも呼ばれる器械（下図）の説明をしているが，その説明は技術的に見て正確とはいえない。これらの器械は，そのすべてが理解されないまま日常的に使われていたことはまちがいないであろう。彼のような専門家でもない人物がここまで器械に入れあげていたのは，当時の人々が，これまでにない巨大建造物を建設する技術的手段を発見したことに夢中になっていた証拠でもある。10世紀のギリシア語の写本（左上図）には，タッコラの発想の源となったかもしれない絵が描かれている。巻き上げ機を使って石柱を持ち上げている絵である。

⇧「可動式の屏風状楯の製作」──戦争用器械と民生用器械との区別は必ずしも明確ではない。同じ技術者が，戦争と土木建築双方の要求を満たすために国王に仕えていたからである。可動式楯である木製「装甲車」（上図）の製造には，木大工の古典的な技術が使用されている。

建設に役立つ戦争技術

それまで知られていなかった技術が戦争で使用されると，それは建築の分野にも多大な影響をもたらし，作業の合理化を促した。12世紀後半からは，都市や城砦を包囲するための器械が発明されるようになったが，なかでも最も影響力が大きかったのは，振り子の原理を用いて石を飛ばす投石器である。実験の結果，10トンの釣り合い錘《おもり》を備えた投石器を50人の人手を使って作動させると，100〜150キログラムの石を150メートル先まで飛ばすことができたことが証明されている。古代ローマ時代の投石器では，20〜25キログラムの石を225メートル飛ばすのがせいぜいであった。

1204年，フィリップ２世が数ヶ月にわたってシャトー＝ガイヤールを包囲し陥落させた時も，一連の戦闘のなかで器械が果たした役割は大きかった。戦争用器械の製造を専門とする技師の名前が登場するのもこの時代である。戦争に用いられたアイデアは，間もなく市民社会にも影響をもたらすことになった。

起重機，足場

起重機は古代ローマ時代から日常的に用いられていた。中世の時代にもよく知られていたウィトルウィウス（訳注：古代ローマ時代の建築家）は，簡易的な起重機を非常に分かりやすく説明している。それが中世の時代に大きな改良を施され，釣合い錘と二重滑車の使用を特徴とする起重機へと変貌した。起重機は，建築物の高さに応じて，地面にじかに置かれることもあれば，上層の作業場の上に置かれることもあったため，組み立てや分解は少人数の人員がいれば現場で容易にできるようになっていた。やがて，回転可能な起重機や，３メートルもの腕を持つ起重機も登場した。起重機を操作する方法は幾通りもあり，なかでもいちばん簡単なのは，巻き上げ機（訳注：円筒型の巻き筒を回転させ，それに取り付けたロープを巻き取ることで重量物を持ち上げる器械）を使うものであるが，当然大した力は得られなかった。そこへかご型回転子が現れた。これも古代ローマ時代からすでに知られていたもので，２人の人間が車輪の中を歩き，車輪を回転させて力を生む仕掛けになっている。計算上，直径2.5メートルの車輪を使用すれば，１人の人間で550〜600キログラムの石を持ち上げることができる。ここでも創意工夫の才を発揮した中世の技術者は，大胆にも車輪の直径を８メートルにまで拡大し，さらに車輪を二重にし，操作する人員を増やし

⇦「木の棒に穴を開ける器械」（コンラート・キーザー著『ベリフォルティス』）⇧「バベルの塔の建設」――ジギスムント国王の技師であったコンラート・キーザーは，14世紀末に『ベリフォルティス』という書を著した。そのなかにはきわめて洗練された器械が描かれている。中央図の器械はその１つで，起重機としても水平作業台としても利用することができる。戦争用の器械からヒントを得て作られたもので，水平作業台としては，木の幹に穴を開けてパイプを作ることができる。同様に，かご型回転子と起重機とを組み合わせた器械（上図）も，12世紀後半の軍事技術の進歩と関係があると思われる。

て効率を上げている。

かご型回転子は組み立てもいたって簡単であったため，建築物の丸天井の上の屋根組みに乗せて用いられた。ボーヴェ大聖堂やシャロン＝シュル＝マルヌ大聖堂，アルザス地方の教会の丸天井の上の屋根組みには，いまだに実物が残っている。別の場所で使用するために，設置場所を移動することもよく行われていた。資材を持ち上げるこうした器械が登場すると，足場も大きく変化した。古代ローマ時代の足場は非常に大がかりなもので，建築物の壁面に水平棒をはめ込んで板を渡した足場が，地面から建築物の最上部まで伸びていた。建築物の壁面が完成すると，その足場は丸天井を組むために用いられた。水平・垂直に伸びる棒材に板を渡して作った足場は，石工の作業場になるとともに，資材置き場としての役割も果たした。また，石工や石材運搬夫，モルタル職人が可動式の木製はしごを使って足場の上を行き来したため，足場には非常に堅固な構造が必要であった。

⇦⇨資材の持ち上げ方（左：起重機，右：かご型回転子）——資材を持ち上げる器械の仕組みは，古代ローマ時代と同じくきわめて単純で，起重機かかご型回転子を用いたものであった。起重機の場合（左図），それほどの重さのものを持ち上げられなかったので単純なフックで十分であったが，かご型回転子の場合（右頁右図），もっと重量のあるものに使用されたのでトングを使用している。この『世界年代記』（左図）の挿絵師は，綱に関する部分をいい加減に描いている。本来ならば綱を，塔の上からでなく下から引っ張らなければならないはずである……。かご型回転子は組み立てが容易で，作業に応じて分解して再び組み立てることができるため，屋根組みのなかに設置して用いられた。そのいくつかは現存しており，14世紀のものと思われるソールズベリ大聖堂のかご型回転子は今でも機能する（右頁左図）。

大がかりな足場から簡単な足場へ

ゴシック建築の誕生には，壁の上まで直接資材を持ち上げられる器械が重要な役割を果たしている。器械の登場は大きな変化をもたらした。足場はもはやものを置く場ではなくなり，石工が作業するためだけの場となったため，きわめ

Philippe FIX

⇦「大聖堂の建設現場」──左は大聖堂の建設現場を描いた現代画家による絵。建築物の大きさや高さといい，西側の地下納骨堂の作業（右下部分）などあちこちで行われているさまざまな作業といい，ゴシック建築の建設現場の実情が忠実に描かれている。内陣から正面部分に至るまで，また土台から屋根に至るまで，建設作業のあらゆる段階を一目で把握することができる。ただし正確さという点から見ると，中央吹抜け部分のアーチ部分（上図）や，南側廊の交差ヴォールト部分（正面向かって右側の交差ヴォールト）に唯一誤りが認められる。実際には木材の骨組みで覆ってから作業が始められた。

て簡単なものですむようになった。もはや地面から延々と作られた足場ではなく，壁に引っ掛かっている台秤のような足場でよい。現場の人間が垂直方向へ移動できるように，前もってらせん階段が作られていたため，作業場まで上るのは容易であった。水平方向の移動には，厚い壁をくり抜いて作った通路が利用されることもあった。交差ヴォールトの建設にしても，もはや古代ローマ時代のような地面から丸天井にまで伸びる足場は必要なく，壁から壁へと架け渡した足場が用いられた。そうすればきわめて広い作業場が確保できるため，大掛かりな木製の拱架《きょうか》（訳注：アーチを築造する時，石材などを積み立てる支えとする型枠）でも容易に扱うことができた。もう一つ利点を挙げれば，このような足場は簡単に分解できたため，必要に応じて，また建設作業の進捗に応じて再利用することができた。

「建築家が下劣な人間であれば，崇高な建築物は決してできないであろう」

今まで述べてきたような高度な技術は，聖堂や修道院付属教会，重要な世俗建築物といった大がかりな建設現場だけに見られるものである。規模がさほど大きくない建築物になると，状況は全く異なり，石材の利用の仕方においても建設作業自体においても，依然として伝統的な方法が用いられていた。当時の大聖堂と田舎の教会では，現代のデファンス地区のグランダルシュ（訳注：1982年に

20世紀の凱旋門として建設された巨大な門）と建売住宅ほどの違いがある。そのような事実を考慮に入れないと，歴史的建築物を評価する際に重大な過ちを犯すことになりかねない。

⇩15世紀の修道院の建設現場――ゴシック時代の建築家は足場の問題を重視し，足場を簡略化・縮小化しようと努めていた。

中世の建築家は，ルネサンス時代の建築家や17世紀古典主義時代の建築家，あるいは現代の建築家とも驚くほど似ている。自分を選んでくれた建築主と緊密な関係を築き，建築主の意図に沿った解決策を見つけ出そうとする。建築家はどこにも属することのない独創的な人間であり，建築主と出会い，建築主の考えを具体化し実現するよう求められた時に，初めてその天分が花開くのである。建築家は，建築主と施工者という２者の関係から生まれた存在であった。

⇦「修道院の創建」（『シャルルマーニュ征服年代記』）――教会つまり，キリスト教徒の共同体が代表しているものを象徴的に表すために，15世紀の画家は教会の建設現場を借りて，旧約聖書時代の族長，預言者，王，君主，使徒，殉教者，聴罪司祭を描いて見せた。それぞれが手にしている道具は正確に描かれている。４段目にはステンドグラスを設置している姿も見える。

資料篇

大聖堂の建設者たち

同じ縮尺で配置されたカンブロンヌ教会と
ボーヴェ大聖堂(断面図)とグランダルシュ。

1 建築家

11世紀初頭，建築主——修道士であれ一般人であれ——は，自分の大きな夢を実現することのできる建築家を見つけることができなかったため，建築家を養成する必要があった。次の世代になってこうした建築家が施工を担当するようになると，建築家は激しい羨望の的となった。

中世の挿絵には，建築家が社会のなかで特権的な地位を占めていたことが表現されている。描かれた建築家は，物差しやコンパス，直角定規を手にしている。

エラール修道院長およびその後を継いだティエリー修道院長による，ランスのサン=レミ聖堂の建設（アンセルム著『歴史』1039年）

エラール修道院長は，当時としては異例な巨大な建築物の建設に乗り出したが，あまりにも異例な大きさであったがためにその完成を見ることはできなかった。その後を継いだティエリー修道院長は，途中まで完成していた建築物を破壊し，その時代の実情に合った建築物にすることに決めた。

エラールは1005年，当時有名であった多くの高位聖職者たちにならって，自分が管理している教会を改築することに決めた。やがて評判の建築家を呼び集めて，当時フランスにあったいかなる建築物よりもはるかに丁寧に仕上げられた豪勢な石造建築物を建設しようと，その土台から手掛け始めたが，まさにその途方もない目標のために，エラールもその同世代の人々もその完成を見ることができなかった。エラールはおよそ28年院長職を務めた後に老衰により死去したため，仕事を終わらせることができなかったのである。

エラールの死後，その後を継いだティエリーが建築事業を完成させようとしたが，その事業は大変なものであったため，ティエリーにはそれを成功裏に終わらせることが不可能に思えた。そこでティエリーは，庇護下にある修道士のなかで最も賢明な者たちや，ランス地方で最も由緒正しい人々の意見を聞き，その意見に従って，前任者が完成させていた建築物を部分的に壊し，建築家が残しておく必要があると判断する一部の土台を残しておいて，そこにもっと簡素で常識的な構成の教会を建てることにした。

修道院長に就任してから5年目の1039年頃，ティエリーはこの事業に取りかかった。一般信徒も聖職者も競って援助の手を差し伸べ，自分の荷車や牛を使って資材を運搬する聖職者も大勢いた。まだ土台のなかった場所に土台を設置し，壊された元の建築物の柱を整備し，その上にアーチを注意深く組み立てていくと，やがて建築に携わる人々の手のなかで聖堂が形をなし始めた。そして，階上廊の壁がすべて築かれ，身廊の棟が設置されると，ヒンクマルが建設したかつての教会は，土台から頂上まですっかり姿を改めた。さらに内陣が仮屋根で覆われると，修道士たちは悪天候にさらされることなく聖務に専念することができるようになった。

そうこうするうちにティエリー修道院長は1045年，11年8ヶ月修道院を率いた後に早世してしまった。その後を継いだヘリマルは，この修道院の院長代理であった人物で，すでにその時からティエリーの行う教会建設に熱心に協力し，自らが管理する所領の収入から多くの助成金を提供してもいた。そのため，前任者の事業を長い間中断させることなく，すでにかなり建設が進んでいた交差廊の右翼を完成させ，まだ土台と上階へつながる階段しかできていなかった左翼も完成させた。最後に，修道院に隣接するオルベの森で伐採した木材を用いて，建築物の上に屋根組みを築き上げ，こうしてあらゆる部分の建築が終了した。

V・モルテ編

『建築史関連文献集——11・12世紀』

（パリ，1911年）所収

1094年のイヴリー城の建設（オルデリック・ヴィタル著『教会史』1133～1137年）

天才はいつも危険に身をさらしていた。エヴルー近郊のイヴリー＝ラ＝バタイユ城に塔を建設したランフロワも殺される運命にあった。

このイヴリー城が，巨大にして難攻不落の有名な城であることにまちがいはない。この城は，バイユー伯ラウールの妻オーブレが建設させたもので，ルーアンの大司教ジャンの兄弟であったバイユー司教ユーグが長年にわたってそこに住み，ノルマンディ公と対峙していた。話によると，上記の夫人が，同じような城が他所に建てられることがないようにと，建築家ランフロワの首をはねてしまったという。このランフロワは，この城の施工を引き受ける前にピティヴィエ城の建設を行っており，当時フランスでは右に出る者がいないほどの才能の持ち主であると噂されていた人物であった。しかし結局はこの女性も，同じ城が縁で殺されることになる。夫人が夫をこの要塞から遠ざけようとしたために，夫に殺されてしまったのである。

V・モルテ編
『建築史関連文献集——11・12世紀』
（パリ，1911年）所収，P・モロー訳

ロジャー司教によるソールズベリ大聖堂の建設（ウィリアム・オヴ・マームズベリ著『イングランド国王年代記』1107年）

ノルマンディ出身のソールズベリ司教ロジャーは，ノルマンディの技術をイギリスにもたらした。

エスリンゲン施療院の教会内陣部分（ハンス・ベープリンガー画）。

司教は気前のよい人物で，多くの建設事業を成し遂げる時など，自分がなすべきことを決定する際には，決して出費を抑えようとはしなかった。そうした成果は，ソールズベリやマームズベリなどさまざまな場所でたしかめることができる。実際に司教はマームズベリに，贅沢な投資をして，非常に美しい外見を持つ大規模な建築物をいくつか建設させているが，その石の組積みは精緻を極めたもので，それぞれの石のはめ合わせは，組積みされた石全体がたった1つの石でできているかのような印象を与えるほどに見事である。ソールズベリの教会についても，司教が改築して豊かな装飾で飾り立てたために，イングランドのどの教会にもひけを取らないものとなったばかりか，その大部分を凌駕するものとなった。司教は偽りなく神にこう言うことができるだろう。「主よ，私はあなたの住まいを美しくしたいと願ってきました」

V・モルテ編
『建築史関連文献集——11・12世紀』
（パリ，1911年）所収，P・モロー訳

ソールズベリのロジャー司教が建設した建築物の美しさ（『ハンティンドンのヘンリーによるイングランド史』1139年）

スティーヴン王は，ソールズベリ司教のロジャーとその甥でリンカーン司教のアレクサンダーを穏やかに迎え入れると，宮廷内で2人を強引に拘束し，壮麗さにおい

コンスタンツ大聖堂のらせん階段の立面図。

てヨーロッパに並ぶもののないディヴァイザズと呼ばれていたロジャーの城へ連れて行った。こうして王は，その治世の初めにロジャーが誰よりも王に恩恵をもたらしていたことも忘れて，強引にその城を奪い取ったのである。同じようにして王はシャーボーン城も奪い取った。ここも，その美しさにおいてディヴァイザズ城に劣らぬものであった。

V・モルテ編
『建築史関連文献集——11・12世紀』
（パリ，1911年）所収，P・モロー訳

モー大聖堂の施工者ゴーティエ・ド・ヴァランフロワの雇用契約（1253年）

非常に早い時期から，建築主と施工者は契約により拘束されていた。契約は13世紀から日常的に交わされるようになった。

モー司教，司教座聖堂参事会長および参事会員は，主の御名において，本文面を読むすべての人々に以下申し述べる。私たちはここに，モー司教区のゴーティエ・ド・ヴァランフロワ氏に，以下の条件で私たちの教会の建設工事の施工を委託したことをお知らせする。私たち自身，あるいはその後継者，また前述の司教座聖堂参事会が，上記建設作業に氏を従事させておく間，氏には毎年10リーヴルが支払われる。氏が長期間にわたって仕事に従事できないほどの病気にかかった場合には，この10リーヴルは支払われない。また，氏が現場で作業をする場合，もしくは現場作業のためにどこかへ派遣された場合，日ごとに3スーが支払われる。氏は今後私たちの許可なく，司教区外のいかなる仕事も請け負ってはならない。さらに，この建設現場の木材をそのような仕事に流用してはならない。氏はモー司教座聖堂参事会の許可なく，エヴルーの建設現場などモー司教区外の建設現場に出向いてはならないし，2ヶ月以上モー司教区外に留まってはならない。氏はモー市内に居住する義務を負い，自分に任命された上記建設現場で忠実に働き，その現場を堅持し続けることをここに誓う。本契約は，紀元後1253年10月に締結された。

ロラン・レシュ編
『ゴシック様式の大聖堂を建設した人々』
（展覧会用カタログ，ストラスブール，
1989年）所収，ペーター・クルマン引用

ギーヌ伯ボードゥアンによるアルドルの防御工事（1200～1201年）――その現場における親方シモンと職人たちの役割

専門的な建築家が要求されるようになって以来，建築家の職業意識が問われるようになった。

ギーヌ伯ボードゥアンおよびその一族とブーローニュ伯レノーは，互いに奇襲を繰り返していた。ボードゥアンの息子アルヌールは，それまでも非常によく敵を食い止めていた城や要塞を父が補強・修理するのを見てきたが，やがて，父や家臣，城砦都市アルドルの市民の意見に従い，アルドルの地がギーヌの領土の真ん中に位置していること，アルドルの地が，ギーヌの他の城や要塞よりも裕福になりつつあるため敵の羨望をかきたてていること，(……) この2つを理由に，サン=トメールを守ってきた城壁にならってアルドルに防備を施すことに決めた。アルヌールは，ギーヌの地にいかなる権力も建設したことがなく，いかなる先人も見たことがないような城壁でアルドルを取り囲んだ。城壁を作り，堀を掘るために大勢の職人が集められた(……)。現場監督を務めていた測量技師の親方シモンは，いつも見事な定規を手に歩き回っていたが，すでに頭のなかで出来上がっていた構想に従って，定規よりもむしろ目測であちこちを測って回った。そして，家屋や納屋を壊し，果樹園や花や実をつけた木々を切り倒し，人々の交通の便のためにかつて（……）多大な犠牲を払って切り開いた場所を奪い，菜園や亜麻園を掘り返し，道を作るために畑をつぶした。シモンは，この処置に憤慨したり大声で嘆き悲しんだりする人々や，陰で自分の不平を言っている人々のことなど意に介しなかった。農民は手袋と頭巾を支給され，運搬車で泥灰岩を，堆肥用の荷車で道に敷く砂利を運んだ（……)。鍬や鋤で土地を掘り起こす者，つるはしで荒地を開墾する者，槌で取り壊しを行う者，掘削具で

土木作業を行う者，それぞれの仕事に必要かつふさわしい道具一式を携えて化粧仕上げや防御工事を行ったり，地ならしをしたり土を押し固めたりする者，さらに荷役人夫や運搬夫，親方からの命令で草地から刈り取ったり引き抜いたりした芝草の山を運ぶ芝庭師たちの姿があった。領主の代理人や役人たちが節くれだった杖を持って現れ，ある時には職人を呼び止めたり，またある時には，先頭に立つ親方たちが入念に準備した計画に従って作業が行われるように，職人たちをけしかけたりした。

G・フルニエ著
『中世フランスの城』(オービエ社，パリ，1978年) 所収，G・フルニエ引用

トロワ大聖堂の施工者およびさまざまな職人への俸給の取り決め (1365年)

建築家の俸給は明確に取り決められた。

1365年7月2日土曜日，我らが司教座聖堂参事会において参事会長殿，サント=マルジュリー司教代理，アルセー司教代理，エマール・ド・サン=トゥルフ親方，ルノー・ド・ラングレ親方出席の下，トロワ大聖堂の施工を行う石工であるとともにその施工者でもある親方トマと上記参事会長および参事会との間に，親方トマがその施工に携わる日々の俸給について，以下のような契約をここに締結する。親方トマは，本日より次の聖レミの祝日（訳注：1月15日）までは，この現場に就業した日ごとに3グロ半支払われる。聖レミの祝日から次の復活祭の日までは，この現場に就業した日ごとに3トゥール・グロ支払われる。その先については，親方トマがこの現場で働くかぎり，後に取り決められる条件・方法に従い毎日支払われる。親方トマは，この現場の石工親方であるかぎり現場に住居が支給されること，また，毎年衣服が支給される［実際に与えられる］ことを条件に，神の聖なる福音書にかけて，本契約が最終的に確定されたものと認めることをここに誓言する。ただし本契約の履行は，親方トマが当現場に就業していること，その現場で正しく，忠実に，迅速に働きかつ雇われていること，前述の司教座聖堂参事会長および参事会員の承認を得ることなく，トロワ市内外を問わず，他のいかなる施工も請け負わないこと，これらの条件が満たされなければならない。

アルボワ・ド・ジュバンヴィル編
『パリ古文書学校文献集』(1862年)，H・プラディエ訳

パリのサン=ジャック=オ=ペルラン施療院の回廊入口の門の建設計画に関する契約 (1473年1月26日)

パリのサン=ジャック=オ=ペルラン施療院の所有者や経営者たちが取り結んだ契約内容は詳細を極めている。文章

に加えて，注文された門の図面まで描かれている。

パリのサン＝ジャン墓地前のシャルトロン通り，やくざ者の看板の宿屋に宿泊している石工ギヨーム・モナンは，ここに契約を締結し，パリのサン＝ドニ大通りにある教会，同施療院，サン＝ジャック＝ド＝ロピタル信心会の長たる建築主，すなわち，われらが国王陛下の通貨監視官ジャン・シュナール，ギヨーム・ル・ジェ，ニコラ・フェレ，ジャン・ド・クルヴキュエに対し，以下の点で合意したことをここに認める。モナンは石工として，イヴリーから切り出した石材で，同教会の中庭入口の門を建設する。その横幅はおよそ9ピエ（訳注：1ピエは約32.5センチメートル），高さはおよそ11ピエ，奥行きは19から20プス（訳注：1プスは約2.7センチメートル）とし，すべて良質の石材を使用する。また，その石材を探し出して運び，石材に加工を施し，前述の門を，最下段の土台やその上に位置する最初の基礎部分1ピエすべて自費で据える。建築主はモナンに石膏を提供し，モナンは，満足できる基礎が出来上がったら，以後の作業のための準備を1週間で行う。本契約の請負額は37トゥール・リーヴルとし，建築主はモナンに同額を，もしくはその他の流通貨幣で同等の金額を支払う義務を負うこと，モナンはその請負額で，上記図面に従って建設すると約束した通りに前述の建築物を建設することとする。

ロラン・レシュ編
『ゴシック様式の大聖堂を建設した人々』
（展覧会用カタログ，ストラスブール，1989年）所収，フィリップ・ロラン引用

サン＝ジャック＝オ＝ペルラン施療院の回廊入口の門の図面。1473年1月26日付けの契約書に描かれている。

2建築現場

中世末期の挿絵には建設現場が繰り返し描かれてはいるが，その実情の大部分がいまだに分かっていない。残されている資料は会計に関するものか文学的なものであり，この豊かで生き生きとした多彩な世界を彷彿させる資料は滅多にない。立派な建築物の建設を成功させるには，さまざまな分野の専門家を動員する必要があった。

16世紀ストラスブールの石工の工房の印章。

ノワイエ城の建設（『オーセール司教年代記』1106～1206年）

『オーセール司教年代記』の著者は，ノワイエ城の建築について非常に細かい部分にまで触れている。

ノワイエ城を世襲したユーグ・ド・ノワイエ司教が，その先祖のおかげで有名となったノワイエ城に対して行った事業，(……) ノワイエ城の改善に捧げた努力，その事業に当てたかなりの出費について記述することも有益であろう。実際司教は，山のふもとに位置し，スラン川が至るところを洗っている下方の村を囲む城壁の上に，石材もしくは非常に頑丈な木材を用いて，堅固な発砲装置を建設した。その村の上方に当たる山の斜面には，いずれにせよ地勢の関係でそちらから城に近づくことはできないのであるが，そこにも司教は，岩山を掘って非常に大きな堀を設け，また要塞化した門をいくつか設置した。そのさらに上方，城砦の中心的な部分がある山頂には，器械を設置する場所として，広い平坦地が設けられた。かつて建設された2列の城壁のうち，外側の城壁は堅固であった（クレランボー司教の兄弟が，死ぬ少し前に建設したものである）が，それに加えて，内側の城壁の後ろに，それよりも高く，厚く，堅固な城壁をもう1列作り，その中間部分に堅固な塔を建設した。外側の城壁の前には，それに沿うように岩山を掘って切り立った堀を設置し，さらにそ

建設現場では，さまざまな同業組合の仕事を調整することがきわめて重要であった。

の前方にまた別の溝を設けて，多くの障害物や遮断物のために城砦の主要部分に敵が近づけないようにした。外側の城壁の上に設けられ，壁と一体になった張り出し部は，その上部が非常に堅固な梁で覆われているため，そこに陣取る者は敵の発射物がいかに強力であってもその攻撃を恐れる必要はないし，投擲器ほかいかなる敵の試みも恐れる必要がないほどである。逆にそのような安全な場所にいながら，正面からやって来た敵軍が，引っ込んだ場所にある堀や，張り出し部が設置されている壁へ接近するのを防ぐことができる(……)。司教はまた，城砦の主要部分を取り囲む壁の外側に，内側の防御を補完する非常に美しい宮殿を建設した。それは領主が居住する快適な邸宅であり，数多くの装飾で上品に飾られていた。そして，塔の地下にあるワイン貯蔵室に通じる地下道が，塔よりも低い位置にある宮殿の地下に設けられており，ワインや他の食糧を手に入れるために，わざわざ城砦の主要部分に出向いたり，宮殿を出たりする必要がないようになっている。食糧は，城砦の中心部分を取り囲む壁の下へかごを使って降ろされ，ワインや水は，きわめて巧みにしつらえられた鉛のパイプを通じて非常に注意深く[運び込まれる]。こうして，城砦の守備隊のために集められた食糧は，そこで厳重な監視のもと安全に保存され，かんぬきを掛けてあらゆる脅威から防ぐことで，この仕組みを通してあらゆる欲求を必要に応じて満足させることができるようになっていた。さらに司教は，城砦の主要部分に兵器や戦争用器械，その他防御に必要な器械をいくつも設置した。司教はまた，城砦の壁の内側にある騎士などの家屋を高値で買い取り，その所有権を甥に譲渡した。こうしておけば，用心として，宮殿にいる領主に面会を求める人々が，そうした家屋や宮殿の本館にやって来たとしても疑いを抱かなくてすむし，危険が迫ってきた時に外部の人間をすべて追放してしまえば，領主はもはや，その忠誠心が完全に信用できない人間を余儀なく城砦上部の内側に侵入させてしまうこともなくなる。同じ理由から司教は，その壁の外側にその地を管轄する小教区教会を設置

上図のエノーのように，良石が不足していたため，建設にれんがを用いざるを得ない地域が多かった。

し，［城砦］上部内には領主の礼拝堂以外の礼拝堂の存在を認めなかった（……）。司教は，甥が成人するまでの間，多大な雅量と多大な功績をもってこの城砦を管理した。周囲の領主たちによる横領や攻撃に対しては威厳をもって抵抗し，司教が治める土地で徒党を組んで盗みを働く者どもに対しては，十分な論拠を示してその要求をはねつけた結果，司教はその影響圏にいるすべての人々にとって恐るべき存在となった。こうして司教は，自分自身や自分の城砦に対してブルゴーニュ公ほかさまざまな君主が頻繁に企てた試みを，用心深く打ち砕いたのである。

V・モルテ編
『建築史関連文献集——11・12世紀』
（パリ，1911年）所収
G・フルニエ著
『中世フランスの城』（オービエ社，パリ，
1978年）所収，G・フルニエ引用

ジャン・ド・ドルマンの遺言執行人がボーヴェ学院に対して行った作業の報告書（1387年）

この資料には，建設現場のその日その日の生活が事細かに描写されている。見積もりの公開や入札，建設現場での会合，現物による職人への補償……。

さらに，前述の決定ならびにわれらが主君の命令を適用・実行するために，施工者レーモン［・デュ・タンプル］は，当建築物の形状，資材，建設方法，壁の厚みに関する報告書をまとめて見習いに複写させ，その施工内容および見積り額を，もっと安い請負額でこの施工を成し遂げられるという財政的・技術的能力のあるあらゆる職人に知らせた。この報告書は，あらゆる職人がすべてを見，すべてを読むことができるように，グレーヴ広場に掲示されたが，その報告書がこのように掲示される前からすでに，その建設現場では迅速かつ絶え間なく作業が進められていた。その報告書を読んだ多くの石工職人が，この施工を獲得しようとやって来て，最初の価格からさらに何度も値引きをしたが，多くのやり取りや議論の結果，最良・最大の利益・利点を引き出すために，施工者レーモンの意見と決定に従い，この契約は最初に来た石工２名のものとなった。彼らは，決められていた通り関係者がなるべく安い値でこの契約を締結したがっていることを予想して毎日のように働きかけ，自分たちが提示した価格からさらに何度も値引きをしたのである。この２名とは，ジャン・ル・スードワイエとミシェル・サルモンという，財政的・技術的能力を有したパリ在住の石工で，この前には当学院の礼拝堂建設に携わっていた。こうしてその契約は，その価格で，前述の報告書の内容に従い，この件に関してパリのシャトレ裁判所にて決定された一部の条件に従うかぎりにおいて，この石工２名のものとなった。その条件とは以下の通りである。

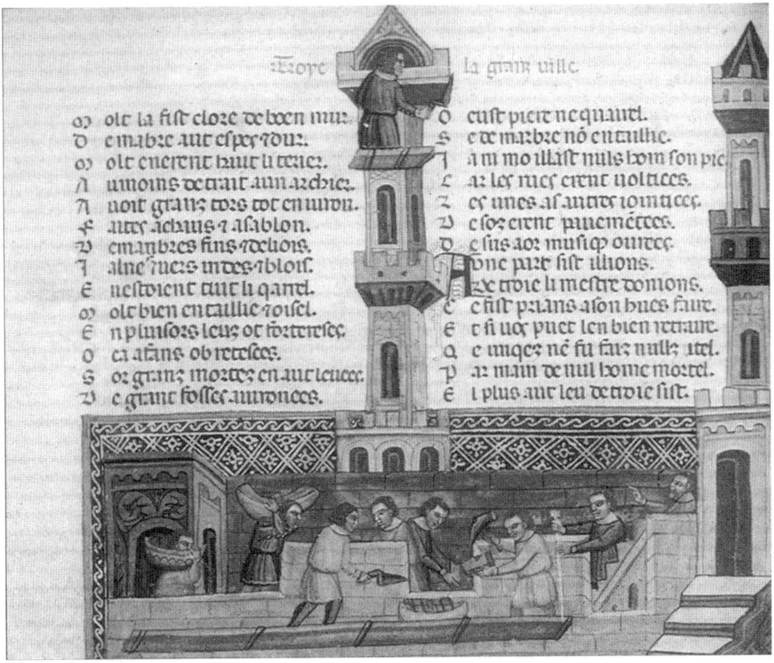

「トロイの再建」は，挿絵師が好んだ題材の1つであった。

1387年9月7日土曜日，石切り工のジャン・ド・スードワイエおよび石積み工のミシェル・サルモンは，２名まとめて，ドルモンの学院長などを務める名誉ある賢明な人物ジル・アプルモンとの間に，以下の契約・約定を締結したことを承認する。その内容とは，当学院内の指定された場所に，指定された形状，方法に従い，家屋の主要部分の石材の加工および組積みを，トワーズ（訳注：約２メートル）単価23スーで行うこととする。(……)

聖母被昇天祭の日（８月15日）木曜日……洗者聖ヨハネの斬首の祝日の日（８月29日）木曜日，親方レーモンが仕事場に現れ，石工や人夫らに会った。親方は，土台から1階部分までを作るために掘削した部分を測量し，全体83平方トワーズ，トワーズ単価７スー，計29リーヴル８スーと書き留めさせた（訳注：１リーヴルは19.758スーに相当)。

その時ジャンティイから多くの荷車に乗せられて石材がたくさん到着したが，それらの石をよく吟味している時間があまりなかったため，気の毒にもいつも仕事場に来ていた１人の石工が指名され，それらの石が十分満足できるものであるかどうかたしかめるよう命じられた。特別な計らいにより，この仕事を引き受けたその男には，4スーが支払われた。

10月14日月曜日，親方レーモンが仕事場に現れ，その時までに行われた作業すべてを確認・検討し，ジャン・オーダン親方の家屋を取り壊すよう命じた。同じ月曜日，その土地の上に当の建築物を建設することになっているパリ司教猊下の道路管理官が作業場に現れ，親方レーモンと面会し，前述の道路の調整費用および道路税として，20スーを徴収した。

石材や石灰，砂などの資材を運び込んだのは，日も長く暑い夏の時期であった。この作業の間，人夫から不平不満が出ないように，親方は人夫らに何度も飲み物を与えた。

10月18日金曜日，この日は聖ルカの祝日に当たるため，教会から仕事を休むよう命じられていたにもかかわらず，この仕事場では作業が行われた。

次の事実も知っておくべきであろう。氷点下の寒さが近づき，石積みの作業ができる季節が終わりに来ていたある日，前述の壁の基礎工事が行われていた。石工が昼食に出かける時，その一部の者が採石工に対し，自分たちが食事を取っている間も働き続けるよう要求した。当の採石工は，同じように食事の時間が与えられることを望んだ。結局，仕事が途切れることがないように，採石工には坑内で食べ物と飲み物が与えられることになった。これには4スーかかった。

四旬節のある日，仕事場にいた石工や雑役夫全員が，常設の仕事場では一般的に行われている慣例に従って，職人や人夫全員に特別な計らいをしてくれるよう，つまり会食用に羊の肉を提供してくれるよう要求した。

3月19日土曜日，木大工のコラン・コマンが仕事場に現れた。親方レーモンと親方ジャック・ド・シャルトルの命令に従い，木材の骨組みに関する承諾を受け，それを実行するためである。

聖霊降臨の大祝日（訳注：5月半ばから6月初旬に当たる。年によって異なる）の頃，この作業場に常任している石工や雑役夫らが，この作業場のように常設的に設置されているどの作業場でも行われている慣例に従って，好意およびねぎらいとして，自分たちが主の昇天の祝日（訳注：上記の聖霊降臨の大祝日の10日前に当たる）に一緒に会食できる機会を作ってくれるよう，また，作業場への支払いの一部を前払いしてくれるよう全員が声をそろえて要求した。この作業場にあって，現場監督であり，石工組合および全雑役夫の頭であり，上記のような事柄の決定権を持つ親方レーモンは，それについて決定を下すことにし，もし当学院が上記内容をそのまま実行することを喜んで認めてくれるならば，石工や雑役夫が，その子供や弟子も引き連れて皆で昼食を取ることができるようにする，また，現場監督として親方レーモンもこの昼食会に参加し，レーモンの妻も，その他名士として知られている人々も大勢参加する，ということに決定した。

7月20日頃，ボーヴェ司教がこの作業場を訪れ，職人たちに会い，作業現場を見学した。司教は，職人らに飲み代として1フランずつ与えるよう学院長に命じた。

G・ファニエ著

『13・14世紀パリの産業と労働者階級に関する研究』（パリ，1877年）所収，

G・ファニエ引用，H・プラディエ訳

現代と同じように，中世の建設現場でも事故は絶えなかった。

3 建築資材

古代ローマ時代の大建築物に匹敵する建築物を築くためには，採掘や加工の容易な良質の岩層を見つけることが不可欠であった。11世紀には，イギリスでもフランスでもかつての石切り場の情報が失われてしまっていたため，土地の調査を行わなければならなかった。骨組みに用いられる木材にも同じ問題がつきまとった。丈の高い樹木を利用できるようにしておくために，植樹を行い，その生育を待つ必要があった。

利便性・経済性を考慮して，れんがの製造は建設現場で行われた。

ヘースティングス近郊のバトル修道院の建設（『バトル修道院年代記』1066 年）

建築資材の運搬は，建築主にとっても施工者にとっても大きな関心の的であった。イギリスでは石材不足が問題となり，ノルマンディから輸入しなければならなかった。

さて，心配性の国王はその間，建築資材の輸送について悩んでいたので，修道士たちは，国王が教会を建設しようと決定した丘の上は，不毛の乾燥地で川がないこと，そのため，もし国王に認めてもらえるならば，そのような重要な建築物にもっと適した近隣の場所を選ぶのが望ましいことを国王に提案した。国王はそれを聞くと，怒りも露にさっと身を翻すと，自分が敵と戦って大勝利を果たしたその場所に，早急に教会の土台を築くよう命じた。修道士たちは国王に反対しかねたものの，水路がないことを口実に何とか国王を説得しようとした。すると寛大な国王は，修道士たちの反対に対し次のような忘れがたい言葉で答えたと言う。「もし神の恵みがあって生きながらえることができるのであれば，他の主要な修道院がいくら水に恵まれていたとしても，あの地にはそれよりもいっそうワインに満ち溢れた教会が築かれるのを，私は目にするであろう」修道士たちが再び，その土地からは必要な資材が取れず，その周囲が森林に覆われているため，十分範囲を広げてみたとしても，近隣には建設に使用できる石材がどこにも見つけられないことを理由に難色を示すと，国王は自分の持つ財宝を使い尽くしてでも必要な資金を十分に提供すると主張し，計画された教会の建設に必要な量の石材を海の向こうのカーンから輸送するために，自分が所有する船を派遣するとさえ言い張った。こうして国王の決定に従って，ノルマンディから石材の一部を船で輸送していた頃，時を同じくしてある1人の修道女に天啓が下った。その天啓によれば，教えられた場所を掘ると，まさにその場所に教会建設に使用できる石が大量に見つかるという。そこで修道士たちが，教会建設に指定された地域の近辺を彼女の言う通りに探すと，良質の石が大量に発見された。それは明らかに，後の時代に築かれる石造建築物に資材を提供するために，古の時代に神がそこに財宝を埋めておいてくださったのである。こうしてついに，当時の人々の判断に従って，大きな意味を持つこの建築物の基礎工事が行われると，次には国王の決定に従って，ハロルド2世の軍勢を打ち破ったその場所に，入念にしつらえた大がかりな祭壇を設置した。こうした作業は，卑しむべき私利私欲に溺れることのない熟練の職人によって行われたが，国王の代理人たちは，イエス=キリストのためというよりも自分たちの利益だけに没頭した。当初あまり気の進まない様子で始められた教会の建設が進展したのは，熟練技術者の献身的な熱意というよりも，むしろこうした利益を求めたせいであったと思われる。

建築家にとっての最優先事項は，石材と木材を見つけることであった。上図は12世紀ベルンの建設現場である。

それと同時に修道士たちは，あまり多大な費用をかけることなく，教会を建設した場所の下手に，自分たちが生活するために使用する小さな家屋もいくつか建設させた。こうして，作業を進めるために好きなだけ使用されていた国王の富が，時にはそのような遺憾なる事例にも好きなだけ費やされることになり，この建設作業への寄付として国王が神に気前よく捧げた富の大部分は，厳格に管理されることなく横領されたのである。

V・モルテ編

『建築史関連文献集——11・12世紀』

（パリ，1911年）所収，P・モロー訳

クータンス近郊のレッセー修道院建設現場への木材の供給（修道院設立証書，1080年）

もう1つ大きな関心の的となったのは，足場や骨組みの建設に用いる木材の供給であった。

テュルスタン・アルデュプと呼ばれたリシャールとその妻アンヌ，その息子ウードは，至高なる神と不可分なる三位一体と聖母マリアにかけて，クータンス司教ジョフロワの助言に従い，ノルマンディ公ギヨームの認可の下，クータンス地方のサント＝オポルチュヌと呼ばれる地に，修道士が自分たちの定めた法規に従って神に仕える場として，いかなる修道院にも従属しない教会を建設することに決定した。そして，囲い地の内側または外側にすでに建てられた建物，あるいはこれから建てられることになっている建物のために，定期的に10分の1税を徴収し，あらゆる教会建築物，修道士の家屋，修道士に必要とされるあらゆるものに使用する木材を囲い地の外側に確保した。また，薪を同じくバルテの森に確保し，修道士の家畜の管理人が暖を取るのに使用する森林の枯れ木を囲い地の外側に確保するとともに，管理人たちのあらゆる家屋を建築・修繕するための木材をも確保した。

V・モルテ編

『建築史関連文献集——11・12世紀』

（パリ，1911年）所収，P・モロー訳

ステンドグラスに用いるガラスの製造には，大量の砂と強力な窯が必要であった。

サン＝ドニ修道院付属教会の骨組み用木材の探索（シュジェ著『教会聖別論』1140年）

木材の供給がいかに困難であったかを知らせる最も有名な文献は，サン＝ドニ修道院付属教会の建築主であったシュジェの手によるものである。

梁に使用する木材を見つけるために，当地やパリの木大工職人に相談してみたところ，彼らの意見では，この地域では森林が不足していていい木材を見つけることはできないため，オーセール地方から取り寄せるしかないだろうとの返事であった。それについて彼らの意見は皆一致していたが，この施工に対してそのように大がかりな作業が行われて長期間の遅れが出ることを考えると,気が滅入ってしまった。夜,朝課から戻ると,ベッドのなかで私は,自らの足で近隣の森を走り回り,至るところを見て回らなければならない,もし自分が梁用の木材を見つけることができれば,その作業もそれに要する時日も短縮できる,と考えた。すぐに私は,その他のあらゆる心配ごとをよそに,梁の寸法を頭に入れ,朝早く木大工らとともに出発し,急いでランブイエの森に向かった。シェヴルーズの谷にある私たちの領地にたどり着くと,私は役人や,私たちの領地を管理している者や,森を熟知している者すべてを呼び寄せ,宣誓したうえで,その寸法の梁をそこで見つけられる可能性があるかどうか彼らに尋ねてみた。すると彼らはにやにやし出した。たしかに彼らは,この領地のどこを探してもそんなものは見つからないという事実を私たちが知らないでいることに驚いて,笑えるものなら笑ったことであろう。特に,私たちの領主であり,別の領主とともに森の半分を私たちから受け継いでいたシェヴルーズの城主ミロンが,長い間国王やアモリ・ド・モンフォールとともに戦争を続けていたため,無傷のまま残っている部分はおろか良い状態で残っている部分もなく,また,ミロン自身3層の防御塔を建設していたため,それ以来木材の確保は絶望的になっていたのである。しかし私たちは,彼らにどのようなことを言われてもそれを受け入れず,大胆な信念に基づいて森をすべて見て回ることにした。すると1時間ほどのうちに私たちは十分な寸法の梁を発見した。これ以上何をする必要があろう? 第9時課(訳注:午後3時頃の祈り)の頃かもう少し前までには,丈高い樹林を横切り,鬱蒼と茂った森林を横切り,茨の茂みを横切って帰り,居並ぶすべての人々が驚く中,私たちを取り囲んだ人々の目の前に12本の梁を提示してみせた。それが私たちに必要な梁の本数であった。やがて私たちは,喜びとともに聖なる教会に梁を運ばせ,そのような木材を取っておいてくださった主イエスおよびその栄光を称えて,またそれらが泥棒の手から守られることを望んだ殉教者の方々に敬意を表して,新たな教会の屋根部分に梁を設置したのである。

ジャン・ジャンペル著
『カテドラルを建てた人びと』
(ラ・スイユ社,パリ,1980年)所収,
ジャン・ジャンペル引用(邦訳は飯田喜四郎訳,鹿島出版会(1969年)。

プロヴァンのコルドリエ派教会の建設の見積もり(1284年)

中世の建築主のなかには,再建の際に従来の壁を残しておこうとする者が多かった。それは経済的な必要性からでもあり,以前の姿を残しておこうとする気持ちからでもあった。

まず,修道院は地面まで完全に取り壊す。前面の切り妻壁と両側面は以前と同

じ厚さにし，翼側は古い翼に沿って円柱と石造アーチを造る。このアーチは，身廊の屋根組みを支えるエンタブレチュア（訳注：柱によって支えられている建物上部の水平材）の間隔が狭いほど高くなるため，2本のつなぎ材の間にある柱間と同じだけのアーチを，古い翼と同じ長さにするために必要な分だけ設置し，そのアーチは木大工が要求するだけの厚さとする。中庭側の切り妻壁のアーチの部分には，6ピエの突出部，3ピエのつなぎ石を備えた柱の首部分を，切り妻壁の土台の下の小刀形笠石にまで設置する。この翼の短い方の側壁のそれぞれのアーチの高さには，中方立付きの窓が設置されるが，その縦の長さは，翼の切り妻壁に設置される窓より2ピエ長いものとし，短い方の側壁の上，身廊側のアーチの要石の高さに設置される。切り妻壁の窓については，切り妻壁に必要なだけの大きさとする。この翼のそれぞれの窓の間には，3ピエの突出部，2ピエのつなぎ石を備えた柱の首部分を，エンタブレチュアの下の小刀形笠石にまで設置する。柱から離れた屋根の谷間にたまった水を排水するために，この翼の短い方の側壁のそれぞれの柱のところに軒樋が設置される。翼はここに記載された通りに建設されなければならない。(……)

仕事は3月に始め，毎年諸聖人の祝日（訳注：11月1日）には休暇が与えられる。そして，3年目の聖ヨハネの祝日（訳注：6月24日）までに完全に作業を終わらせ，建築物を引き渡すこととする。仕事が完了した時点で，修道士らの名において，ジャック・ジュリアン殿からトゥール貨で700リーヴルが支払われる。その対象となるのはすなわち，プロヴァン在住の親方ジャン・ドゥヌエ，親方エラール，親方ジルである。彼らには現地で，石工事に必要な石灰，砂，鉛，鉄が，また必要であれば土台に使用する木材が支給される。またパリで採石された石材は，フォース＝ゴーティエ港からプロヴァンの彼らの下まで輸送される。さらに前述の石工3者には，木製の足場を製作する便宜のため，木材や砂岩の採集地からプロヴァンまで1日で往復できるような運搬手段が提供される。

モーおよびプロヴァンのバイイ（訳注：12世紀末に創設された国王代官の職で，地方の行政，司法，軍事を担当した），ギヨーム・ド・ミュシは，本文面を見聞きするあらゆる人々に以下のことをお知らせする。わが忠臣にして，この目的のために私から書記に任命された市参事会員ジャン・ル・ピカール・ド・プロヴァンおよびプロヴァン市民トマ・ド・フランスの前に，前述の石工ジャン，エラール，ジル本人が出頭し，3者が強制されることなく自発的に，本修道院の石工事について，上記に記載されたそのままのやり方で取り壊し，再建，竣工を行うこと，またその費用は合計700リーヴル（トゥール貨）とし，前述の聖職者ジャック・ジュリアンが石工3者に対し，上記に記載された方法に従って支払うことを，前述の市参事会員の前で承認した。また，前述の石工３者は，約束を守り，正確かつ誠実な仕事によって本修道院建設工事を正確かつ誠実に行い，指定された時日，つまり1287年の聖ヨハネの祝日に，作業を終え完成した建築物を引き渡すことをここに約束する。

『有名建造物に関する報告書』(1897年)
所収，H・プラディエ訳

バポーム城建設について石工親方ジャン・ド・ローエとの間に交わされた契約(1311年)

契約書のなかには，建設現場で使用される資材，とりわけ石材の性質について，きわめて正確に規定しているものもある。

アラスのバイイであるトマ・ブランドンの代理人が，本文面を見聞きするあらゆる人々に以下申し述べる。石工ジャン・ド・ローエが，アルトワ伯夫人に仕える建築主ジラール・ド・サル，ジャン・テスタール，ジャン・デスタンブール，および私たちの面前に自ら出頭し，バポームにあるアルトワ伯夫人の城館における以下のような大広間の建設工事を受諾したことを，あらゆる人々にご承知おき願う次第である。その大広間の内側寸法は縦80ピエ，横70ピエであり，その全周は厚さ５ピエ，高さ40ピエの壁に囲まれる。その一方には礼拝堂に続くアーチが設置され，その開口部はできれば礼拝堂と同じ幅とし，絹飾りひもで飾られる。この大広間の両側面には４つの大窓が設置され，また少しでも希望があれば，必要なだけの幅を持つ４つの大窓を残りの二側面にも設置する。さらに，内側に枠飾りの付いた二重窓を６つ，６つの中間壁で設置し，希望の場所に暖炉を２つ取り付ける。大広間の長い方の辺の中間には，独立した柱を２本，壁に接した柱を２本置く。それらは，３つのアーチを支えるために必要なものである。アーチは，屋根組みの下にできるだけ高く設置し，そのリブ（訳注：丸天井の曲面を作り，両側の柱へ荷重を伝える材）は屋根組みの下まですべて石造りとする。その中間壁の高さは，他と同じ40ピエとし，壁の全周および中間壁には，内側にも外側にもエンタブレチュアが設置されることが望ましい。前述の円柱の基部や柱頭には入念な細工を施す。大広間の両端には，屋根組みにしっかり固定するために必要な高さ・幅を持つ切り妻壁を設置する。その切り妻壁の上には，適切な方法に従ってフランス風の笠石を設け，その笠石の上を隆起状・球状・花形装飾で十分に飾る。大広間の４隅には，必要なだけの幅をもつ小塔を建て，さらに中庭側の中間部分に第５の小塔を建てる。角の４つの塔はエンタブレチュアの下を基点とするが，もう１本だけは地面を基点としており，その内側にはらせん階段を設置し，巡回路まで昇れるようにする。この大広間の全周には，往来が可能な銃眼つきの巡回路が設置される。2つの切り妻壁は，巡回路が壁の外側になるように，内側に引っ込んでいるのが望ましい。この大広間には，希望の数だけ扉を設置する。4つの小塔は巡回路の高さまで延び，他の部分同様銃眼を持つものとする。もしそれらの小塔を通路より10ピエ高くしたいのであれば，そうするとともに，そのような形を望むのであれば全周にエンタブレチュアを設置し，その上に屋根組みを作らなければならない。大広間内の4つの円柱は砂岩製とし，前述のジャンが自費でそれらを提供する。ただし運搬費，笠石代，隆起状・葉状装飾を施されるべき柱頭代はそのかぎりではない。独立した2本の柱は，長さ15ピエ――その長さでよければ――，直径18アンパン（訳注：1アンパンは22〜24センチメートル）のひと塊の石で作り，壁に接した2本の柱は，積み石で作り，壁に固定する。排水溝については，必要なだけの樋嘴（訳注：怪獣や竜をかたどった屋根の雨水の吐水口）を設置し，切り妻壁にも必要なだけの吐水口を設置する。土台については，前述のジャンが自費で地面から3ピエ掘ることとするが，もっと深く掘った方がいい場合には，夫人の費用でそれを行う。

上に述べられ記載された内容はすべて，その作業もそれに付随する人件費も含めて，ジャン・ド・ローエがこの建設作業により受け取る300リーヴル（パリ貨）と引き換えに，ジャン・ド・ローエが自費で行うものとする。ジャンには現地で，あらゆる資材，すなわち石材，石灰，砂，囲い，滑車，綱ほかこの作業に必要とされるあらゆるものが提供されるが，囲いを建てる人件費，また前述の通り4本の円柱はジャンが自費で提供する。ただし，円柱搬入に伴う運搬費用はそのかぎりではない。施工費用が10リーヴル（パリ貨）超過した場合，ジャンには何も支払われない。そのためジャンは，取り決められた俸給内で作業をしなければならない。ただし，超過分が10リーヴル（パリ貨）以上になった場合には，超過分から10リーヴル分を差し引いた金額が，ジャンの俸給に上乗せされる。ジャンは，本工事に使用するためにすでに確保されている切り石を，施工前の値段で購入しなければならない。その値段は，彼の俸給から差し引かれるものとする。ジャンはこの建設工事を，できれば今季のうちに，正確かつ満足のいく方法で終わらせなければならない。

J=M・リシャール著
『アルトワおよびブルゴーニュ伯夫人マオー（1302〜1309）』（パリ，1887年）所収，
H・プラディエ訳

エスダン施療院建設について親方ジャン・モーランとの間に交わされた契約（1321年）

この契約書には，注文，足場，木材の供給に関する詳細が記載されている。

本文面は，アルトワ伯夫人がエスダンに建設しようとしている施療院の見積もりである。この正確かつ満足のいく施工を実現するための見積もりについて，バイイは，アルトワ伯夫人の名において，親方ジャン・モーランと契約を結んだ。その内容は以下の通りである。

本施療院は，建築物全体の長さを160ピエ，幅を34ピエとし，壁の高さは21ピエ，うち地中部分は5ピエ，地上部分は16ピエ，壁の厚さは3ピエとする。一部，地面から3ピエのところに，3アンパンほど奥まった部分が砂岩上に設けられている。

両側には，中間点から中間点にかけて16ピエの柱を並べ，それぞれの切り妻壁には，2本の柱と，10ピエの幅とそれに見合う高さ，3つの中方立，枠飾りの付いた窓を2つ設置するのが望ましい。両側には2本の柱の間に，およそ4ピエの採光幅とそれに見合う高さの窓を，端まで設置する。この窓は角を取り，内側と外側を控え柱で支える。切り妻壁と側面の窓の内側と外側には，コロナの長さ分のエンタブレチュアを設置する。側面の内側と外側にもエンタブレチュアを設置し，柱は砂岩上に切りこみを付けられた3ピエ半の突出部と3ピエのファスキアを有するものとする。また，側面と切り妻壁の柱は，最後のエンタブレチュア部分で収縮させる。(……)

［親方ジャン・モーランは］上に記載された建築物を，正確かつ満足のいく方法により自費で建設する。同親方は，短期間のうちに全木材が届けられるように手配する。この建築物全体に対して親方は，必要と思われるあらゆる場所に梁や木製部品を設置するが，それらは親方が自費で提供する。なお親方は，荷車を所有するものは誰であれ，これらの建築資材すべてを運搬するために利用することができる。また，囲いを作るための木材，棒材，綱も親方に支給されるが，囲いの設置は親方の自費で行う。囲いに用いられた木材，棒材，綱は，この施工が終了した段階で親方の所有となる。

J=M・リシャール著
『アルトワおよびブルゴーニュ伯夫人マオー（1302～1309）』（パリ，1887年）所収，
H・プラディエ訳

イーリー大聖堂（イギリス）の8角形の採光塔の骨組みは，骨組みの傑作である（上図は模型）。

トロワ大聖堂の屋根組みの覆いに関する契約（1390年10月11日）

建築資材――ここでは屋根組みとその覆い――の供給と利用に関する支払いは，契約のなかできわめて厳密に取り扱われた。

書記にしてトロワのプレヴォ（訳注：国王の地方行政官）の印璽管理官でもあるルノー・ゴンボー氏が不在のため，ティボー・コンスタンの代理人が，本文面を見聞きするあらゆる人々に対し，以下申し述べる。

われらが国王陛下により，この目的のために書記に任命されたトロワ市参事会員エティエンヌ・ド・サン＝セピュルクルおよびジャン・ド・ドゥールヴァンの前に，ランス在住のジャン・ヌヴー（本名レスカイヨン）とその兄弟でトロワ在住のトラール・レスカイヨンがこの目的のために特別に自ら出頭し，尊敬すべき賢明なトロワ教会参事会首席および同教会参事会員との間に，自発的に以下のような契約を交わしたことを承認したことについて，あらゆる人々にご承知おき願う次第である。その内容とは，教会中央交差部の大支柱から，井戸の側の柱（その柱自体を含む）およびその向こう１ピエにまで至る教会の屋根組みを，その端から端まで大アーチで覆う。その屋根組みを覆うには，シニーもしくはフォワニーの採掘場で採れた良質の硬いスレートを使用し，前述の兄弟はそれぞれ，そのスレートと，スレートもしくは小幅板の打ち付けに必要なだけの釘を搬入する義務を負う。当兄弟はともに協力してこの屋根組みを覆い，上に記された通りに，自費で，次の主の奉献の祝日（訳注：２月２日）までに，この件について専門的能力を持つ人々や職人の判断に従って，その作業を完成させる。前述の教会参事会員たちは現在もこれからも，この覆い作業に用いられる木板を当兄弟に十分に提供する義務を有するとともに，本契約により，現在流通しているトゥール貨で350リーヴルを当兄弟に支払う義務を有する。その金額のうち100リーヴル（トゥール貨）は同教会参事会員から，同教会の施工者を介して，前述の市参事会員の面前で当兄弟に支払われる。残りの250リーヴル（トゥール貨）については，以下の方法で教会参事会員から当兄弟に支払われる。つまり，次の使徒聖アンデレの祝日（訳注：11月30日）に100リーヴル（トゥール貨），次のクリスマスの20日後にさらに100リーヴル（トゥール貨），そしてこの覆い作業が終了した時に残りの50リーヴル（トゥール貨）が支払われる。身柄を拘束されたり投獄されたりしないこと，自らの全財産および自らの相続人の財産を保証すること，われらが国王陛下，その配下の人々，その他司法に携わるあらゆる人々の裁判に付せられた時には前述の財産を担保とすることを，前述の市参事会員の立会いの下に約束した当兄弟は，それぞれがともに上記のあらゆる事柄を行い，完全に成し遂げ，成功裏に完了させるとともに，それらの事柄を，それぞれ指定された方法で，いかなる不足もなく，不履行を行うことも不履行を行わせることもなく，本工事により発生・付随するかもしれないあらゆる費用・損害を逆に返済しなければならないような状態に陥ることなく遂行することを約束する。当兄弟は，これに関係するあらゆることに対して，地方のいかなる慣習に従うことも，城主やプレヴォにいかように頼ることも，いかなる訴えを起こすことも，その他この文書の文言に沿わないで行われるいかなる行為もしてはならないし，なおかつこの文書を無効とするあらゆる行為をしてはならない。以上に基づき私は，前述の市参事会員の決定により，その署名とともに，前述の印璽で本文書に押印するものである。

アルボワ・ド・ジュバンヴィル編
『パリ古文書学校文献集』(1862年)，
H・プラディエ訳

ルーアンのサン=トゥアン教会に関する報告書（1441年）

この修道院付属教会の採光塔を支える4本の柱は，建築主を大いに悩ませた。やがて鑑定が行われ，父アレクサンドルの後を継いだ建築家コラン・ド・ベルヌヴァルは，鑑定結果を利用して責任を逃れた。

以下は，ルーアンのバイイ裁判所管区におけるわれらが国王陛下の石工事および木工事施工者シモン・ル・ノワールとジャン・ウィルメール，ルーアン大聖堂およびルーアン市の建築家ジャンソン・サルヴァール，われらが国王陛下に仕える市参事会員ジャン・ルクセル，石工親方ピエール・バンスの報告である。前記5名は，サン=トゥアン修道院長，修道院分院長，バイイ，塩税局長，サン=トゥアンの宗教建築物施工者に対し，採光塔の4本の柱および4つの大横断アーチにかかる多大な荷重を考慮した場合，この教会がいかなる点で危険であるかをここにはっきりと提示する。これらの柱は，交差部側の帯材や器具で支えられていないため，その結果柱の一部分がふくらみ，大変危険な状態となっている。というのも，もしこれらの柱もしくは大横断アーチがほんの少しでもゆるむようなことがあれば，採光塔は倒壊し，それに続いて内陣も丸ごと倒壊するような状態になるものと思われるからである。この危険を取り除くために，前述の親方および職人は，すでに行われ始めているように，できるだけ早く交差部の帯材や器具を設置するよう絶えず留意し，採光塔の柱，横断アーチ，扶壁で支えられた柱を互いに強固に固定して安全な状態にすることを，全員一致で提言する。さらに，早くこの補強工事を終わらせるために，聖杯もしくはその他の高価な品物を売却するか質に入れることを提案する。そうすれば手に入った金で，教会を安全な状態にするための作業を遅滞なく行うことができると思われる。それほどにこの教会は今，きわめて危険な状態にあるのである。この報告を聞いた本教会施工者は，前述の親方および職人に対し，この報告を紙面に記載し，それに彼らの署名をするか，もしくは彼らが公務で使用している印璽を押印することを切に希望するとともに，修道院長，分院長，バイイ，塩税局長，前述の親方たちの面前で，施工者の職を辞した。そうすることにより，自分が教会を安全な状態にする作業を行わないまま何らかの災難が起こった場合でも，彼に非難が向けられることもなくなるし，幾分かは彼の責任であると言われることもなくなると判断したためである。本報告により，このコラン・ド・ベルヌヴァルは，修道院長ほか前述の聖職者諸氏により，彼の父である故アレクサンドル・ド・ベルヌヴァルがかつてそうであったように，今後この教会の石工労働者となることを許可された。またコラン・ド・ベルヌヴァルは，今後は自らの義務から解放されることを証するために，この報告の写しを自分の手元に保管することを要求した。本書は，キリスト紀元1440年1月23日月曜日に作成された。

J・キシュラ編

『パリ古文書学校文献集』(1852年)，

H・プラディエ訳

ブリュージュ近郊アウデンブルグの聖ペテロ修道院付属教会の建設（『アウデンブルグの聖ペテロ教会年代記』(1056～1081年)

建設現場の近くで石が見つからない時には，朽ちるままになっている建築物から回収した石を使用した。

ところでその当時，このアウデンブルグの街はフランドル地方全体の首都であり，先に述べたようにもともと人口が非常に多く，城壁や城砦により堅固に防御されていた。この街は実際，東も南も西も北も，非常に丈夫な黒石で建設されていたが，そのような色をした，自然のままでそれほど頑丈な石は，フランドル地方全体を探しても見つからない。それがあるのはガリアのトゥルネー教区だけである。北には古代ローマ時代の建築家が，鉄製や鉛製の堅固なかすがいを有する大きな正方形の石を組み合わせて築いた土台が残っているが，このような種類の石は，ブーローニュ地方にしかないと言われている。同じく城砦の壁の下には，さほど頑丈でない軽い石を用いて住居がいくつか建設されているが，この石は東の方，ケルン地方にそのままの状態で見出されるものである。今では，かつて古代ローマ時代の人々によって細工を施され，巧みに作られた非常に美しい壷，杯，皿などの器物がかなりたくさん見つかっている。このような洗練された技術で金銀細工を施した器物を作ることができたのは，腕のいい職人だけだったであろう。さらに街をよりすばらしく権威あるものとするために，フランドル地方全体の真ん中，ほぼ中心にこの城市は建設された。実際この街は，東のガン教区からも，西のテルーアンヌ教区からもほぼ等しい距離にある。南には2里に及ぶ砂地が広がり，よく密生した感じのいい森林へとつながっている。北は，海縁までのおよそ2里の間をフランドルのすばらしい大地が占めている。塔や城壁に完璧に防御され，あらゆる種類の富が流れ込むところとしても非常に評判になったこの街は,四方の近隣地域・近隣都市に影響力を及ぼした。そこに建設されていた非常に堅固な城壁は前もって土台の石を掘り起こして完全に取り去ってしまわなければ，破城槌を用いても破壊することができないほどであったという。この街が非常に堅固に建設されていたことに対して，読者が抱くであろう些細な疑いさえも完全に取り除くために，本論を執筆したこの私が，その城壁が取り壊されるのをこの目で見，そこに用いられていた石材を使って使徒聖ペテロの聖所を建設する場にできるかぎり立ち会ったことを付言しておく必要がある。ただし，円柱や壁に関してはトゥルネーの石で造られており，ブーローニュの石で作られ装飾を施された柱頭がそれにはめ込まれている。それより以前，ボードゥアン5世がフランドル伯だった時代には，ブリュージュの街の建築物の大部分が，上記の城壁の石材を用いて建設されていたことで有名であった。それは，ボードゥアン4世（髭伯）がブリュージュの建設にとりかかった時にアウデンブルグの城壁を取り壊し，その石材をブリュージュの人々に与えてそれらの建築物を建てさせたからで，一方で取り壊しを行うとともに一方で建設を行っていたわけである。こうして城壁はほとんど姿を消してしまった。現在残っているのは，取り壊された城壁が土台としていた丘だけである。

V・モルテ編

『建築史関連文献集――11･12世紀』

（パリ，1911年）所収，P・モロー訳

古代ローマ時代の建築物から，きれいに加工された石材を回収する例は多かった。ローマ近郊のクィンティリ家の邸宅もその1つである。それらの石材は後の時代，とりわけ中世の建築に，イタリアほかヨーロッパ中で再利用された。

4 建築技術

11世紀初め頃，自分たちの能力を自覚し始めた建築家は，偉大な作り手としてだけではなく，傑出した技術者としても振舞うようになった。建築家たちは，さまざまな難題を乗り越えるために，新たな解決策を生み出していかなければならなかった。間もなくこうした建築家の中から，鑑定を専門に行う者も現れた。

プラハ大聖堂には，金属製のつなぎ材が残っている。このつなぎ材が，14世紀以来この建築物の構造を支えてきた。

カンブレー大聖堂の再建（『カンブレー司教年代記』1023～1030年）

この時代の建築主の例にならって，カンブレー司教ジェラール1世もまた，自らの手で運命を切り開いた。

ジェラール司教閣下は，何はともあれ，まずカンブレーの街に入った。そして，サント＝マリー修道院の建物が，狭い上に老朽化しており，古い壁にはひびが入っているのを目にすると，すぐさま，もし神の力添えがあって必要な時間がいただけるのであれば，これらの建物を満足のいく状態に修復しようと思い立った。しかしその思いは，西暦紀元1023年（司教就任（……）年目）まで実現されることはなかった。すでに前に述べたように，内外にさまざまな問題を抱えていたために修復に着手することができなかったのである。1023年になってようやく時宜を得た司教は，神の慈悲を頼み，数多くの信徒の祈りに力を得て，壁が非常に老朽化した建物を取り壊すよう命令した。必要な資金を手に入れると司教は，非常に問題の多かった大聖堂を再建することに全精力を傾けた。というのも，自分の命が尽きてしまったり，その他の理由などで，この修復事業が未完成に終わってしまうことを心配したからである。その点について言えば，この事業を遅らせることになる最大の障害は，円柱の運搬に時間がかかることであった。石切り場が街から遠く，およさ道標石を30も越えたところ（訳注：約45キロメートル）にあったのである。それゆえ司教は，寛大なる神に，願わくばもっと近くで石を切り出せるよう救いの手を差し伸べていただけないかと祈りを捧げ，丸一日馬に乗って，周囲の土地を，大地に覆い隠された深部まで探索して回った。そして,街から4マイル（訳注:約7.4キロメートル）離れたレスダンと呼ばれている村の土地を掘らせたところ，神に希望を託した人々に常にもたらされる神のご加護により，ついに円柱に用いることのできる石を発見したのである。しかも，石が見つかったのはそこだけではなかった。もっと近くの，ニジェラ［ノワイエル］家の私有地を掘らせたところ，幸いにも別種の良質な石が見つかったのだ。司教はこうした発見を神に感謝し，この尊い修復事業に全情熱を傾けた。以後，事業は着々と進み，7年の歳月の後，つまり西暦紀元1030年に，神の慈悲のおかげでこの巨大事業は完成を見た。その後，当然のことながらこの大聖堂は，11月1日の15日前［10月18日］に，それにふさわしい荘厳な儀式，否，荘厳という言葉以上に荘厳な儀式によって，神に奉献されたのである。

V・モルテ編

『建築史関連文献集——11・12世紀』

（パリ，1911年）所収，P・モロー訳

サン・トメール近郊のアルドル城の建設（『ランベール・ダルドル年代記』1060年）

あらゆる建築には破壊がつきものである。ここでも住み替えに伴い，木造建築物の取り壊しと再建が行われた。

ウスタシュの代官にしてブーローニュ伯であるアルヌー殿が，アルドルに建てた主塔に，セルネスの建物すべてを運ばせた経緯について。ほぼ自分の望み通りに，あらゆる運が自分にほほえみかけ，自分を繁栄へと導いてくれていると考えたアルヌー殿は，アルドルの周囲の沼地の中，水車小屋の近くに第1の水門を，別の場所に第2の水門を造らせた。この2つの水門の間，丘のふもとに当たる，泥だらけでたっぷりと水をたたえた深い沼地の真ん中に，アルヌー殿は非常に高い人工の山を造らせ，辺りを要塞化した。そこにできたのが，防御線の上，堤防の上にそびえ立つ「主塔」である。住民の話すところによれば，丘と人工の山の間にあるこの城砦の主塔に充てられた資材は，調教された熊——ただし税金を課せられる対象にはなっていない——が運んだのだという（人間には何という才能があり，野生の動物のなかにも何と調教に向いた性向があるのだろう!）。また，この堤防から完全に隠れた場所に，幸運のお守りを埋めておいたとも言われている。それは，永久にその場所に据え置かれるもので，非常に純度の高い金の上に石のふたをしたものだという。アルヌー殿は，城砦外側を，先の水車小屋を内側に含めるようにして，非常に深い堀で囲った。やがて，父君が以前に立てた計画に従い，アルヌー殿はセルネスのあらゆる建物を取り壊させ，アルドルの主塔に，橋，門，その他必要なあらゆる建物を備えさせた。つまりこの日以来，セルネスの巨大な邸宅は取り壊され，城砦とともにアルドルに移築されたのであり，アルヌー殿と言えば，まずアルドルで，次いであらゆる地域で，アルドルの保護者兼領主と謳われるほどに，セルネス時代の記憶は消えてしまった。

V・モルテ編

『建築史関連文献集——11・12世紀』

（パリ，1911年）所収，P・モロー訳

ギヨーム・ド・サンスによるカンタベリ大聖堂の再建（『ゲルウァシウスの年代記第1部』1175～1178年）

ギヨーム・ド・サンスは，新たな美的概念だけでなく，新たな建築技術をもイギリスにもたらした。

ギヨームは，前述した通り，古い建物の取り壊しと新たな建物の建築に必要な準備をし始めた。最初の年は，この準備作業に費やされた。翌年，聖ベルタンの祝日から冬になるまでの間に，両側に２本ずつ，計４本の柱を建てた。冬が終わってから，さらにそれに1本ずつ追加し，両側に柱が３本，縦に並ぶようにした。そして，両側それぞれ，これらの柱と側廊の外壁の上に，アーチとヴォールト，すなわち３つの「ヴォールトの要石」を規則通りに設置した。この場合「ヴォールトの要石」とは，径間（訳注：アーチの支柱間の距離）全体を指している。アーチの中央に位置する要石は，各方向からせり上がってくるアーチの終端となって，ヴォールトを補強する働きを担っているからである。２年目の年は，こうした作業に費やされた。３年目の年，両側にさらに２本ずつ柱を追加し，それに大理石で円柱形装飾を施した。内陣と翼廊とがこの柱のところで交わらなければならなかったため，ギヨームはこの柱を主柱とすることにした。この柱の上に「ヴォールトの要石」を置き，ヴォールトを設置し終えると，大塔から前述の柱，すなわち中央交差部に至るまで，多くの大理石柱を用いて下のトリフォリウムを備え付けた。そして，塔から中央交差部に至るまで，このトリフォリウムの上に，別の素材のもう一つのトリフォリウムおよび高窓と，大アーチを持つ３つの「ヴォールトの要石」を設置した。これらの作業はいずれもが，私たちを含め，それを見ていた人々が，比類なきものだと称賛の声を上げるほどのものであった。建設からわずか数年でこのような栄光に満ちた姿を見た私たちは，喜びに満ちあふれ，これ以上ないほどの期待感を胸に，来るべき完成の日を待ち焦がれた。こうした早く完成させたいという熱意に押されて，私たちは建築事業をさらに推進したのである。３年目の年はこうした作業に費やされ，やがて４年目が始まった。夏の間に，中央交差部から両側に各５本，計10本の柱を建てた。最初の２本の柱には，

カンタベリ大聖堂の内陣。海峡を越えてイギリスに伝わったフランス建築の好例である。

大理石で円柱形装飾を施し，最後の２本を主柱とした。この柱の上に，10のアーチと10のヴォールトを設置した。そこにも２つのトリフォリウムと高窓を備え付けた後，４年目の初めには，主ヴォールトを作るための足場の準備に取りかかった。しかしその時，ギヨームの足元で梁が突然折れ，梁が崩れると同時に石材や木材も瓦解し，ギヨームは主ヴォールトの柱頭の高さ（50ピエ）から地面に墜落した。ギヨームは，落下してきた石材や木材で重傷を負い，仕事どころか自分の生活もままならない状態になってしまった。程度の差こそあれ，何らかの怪我をした者がいないわけではなかったが，それほどの重傷を負ったのはギヨームだけであった。施工者ただ１人を襲ったのは，神の復讐であったのだろうか，あるいは悪魔の敵意であったのだろうか？

ギヨームは医師の手当てを受け，しばらくの間，健康回復を願って床に伏せっていたが，やがてそんな願いを断念した。もはや怪我が治ることはなかったのである。そうこうしているうちに冬が近づき，主ヴォールトを完成させなければならない時期になったため，ギヨームは，１人の行動的かつ知性的な修道士にその仕事を託した。こうしてその修道士が石工たちを統率したが，やがてこれが猛烈な敵意を引き起こした。というのも，ギヨームが仕事を託したことで，その若い修道士が，自分より権勢も富もある人々よりも思慮深いかのように思われたからである。そこでギヨームがベッドの上から指示を出し，作業の優先順位をきちんと決定した。こうして４本の支柱の間のヴォールトが完成し，そこに設置された要石のところで，内陣と翼廊とが交わるような形となった。同じように，その両側の２つのヴォールトも冬に入る前に完成したが，激しい雨に見舞われたため，それ以上作業を続けることができなかった。４年目の年はこうした作業に費やされ，やがて５年目が始まった。ところで，４年目の年の９月８日の６時頃，日食があった。施工者の落下事故があったのは，ちょうどその後であった。最新の医学による献身的な手当てにもかかわらず，身体が完治することはないと悟ったギヨームは，事業に復帰することを断念し，海を渡って故郷のフランスへ戻った。

V・モルテ編
『建築史関連文献集――11･12世紀』
（パリ，1911年）所収，P・モロー訳

シャルトル大聖堂の鑑定（『教会参事会記録簿』1316年）

シャルトル大聖堂の建築の品質を心配していた司教座聖堂参事会は，鑑定を依頼した。鑑定を行ったのは，国王付きの建築家ニコラ・ド・ショーム，パリのノートルダム大聖堂の建築家ピエール・ド・シェル，パリの木大工の親方代表ジャック・ド・ロンジュモーである。

参事会に対し，私たちはここに，丸天井を支える４つのアーチが十分堅固なものであること，それらのアーチを支える柱が十分な強度を持っていること，ヴォールトの要石が十分堅固であることを確認する。鑑定に当たっては，丸天井を取り除く必要があると思われる場合でも，その半分以上を取り除いてはならない。足場については，錯綜したステンドグラスの上部分から組み，この足場によって，大聖堂の内陣仕切りと，下を行き交う人々を守る。また，この足場を利用して，鑑定に必要な，丸天井内部に造られるべき別の足場を組むこととする。

年齢順に，イタリア出身のシャルトル司教座聖堂参事会員ジャン・ド・レアテ，施工者シモン・ダギュオン，木大工シモン，

シャルトル大聖堂の飛び梁は，構造上なくてはならないものであった。

1917年にすさまじい爆撃を受けたランス大聖堂の中央交差部。

施工に関わった親方代表ベルトーの面前で，パリの建築家ピエール・ド・シェル，国王陛下付きの建築家ニコラ・ド・ショーム，パリの木大工の親方代表ジャック・ド・ロンジュモーが発見した，シャルトルのノートルダム大聖堂の欠陥をここに述べる。

私たちはまず，中央交差部の丸天井を検査した。この部分は修繕が必要である。早く修繕しないと，大きな危険を引き起こしかねない。

さらに，丸天井を支える飛び梁を検査した。この部分は，目地の目塗りをし直して再検査する必要がある。早く行わないと，大きな損害を引き起こしかねない。

さらに，塔を支える柱のうち2本を修繕する必要がある。

さらに，柱廊玄関上部の歩廊の柱を大々的に修繕する必要がある。また，各開口部のなかに，その上のものを支える支柱を立てるのが望ましい。その際，1本は，角の支柱の上にある外側の台石から取り，もう1本は大聖堂の主要部分の増強部から取る。さらに，上からの加重を小さくするために，この支柱を補強する。必要だと思われるあらゆる固定材を使用すること。

さらに，衝撃を与えることなくマドレーヌ像を元の場所に戻す方法を吟味し，それをベルトー氏に伝えた。

さらに，大塔において（私たちの鑑定では，これも大がかりな修繕が必要である），一方の側面に亀裂が入り，小塔の1つが破損していることを確認した。

さらに，正面の柱廊玄関にも欠陥があった。屋根が破損しているのである。各屋根に支えとして鉄製のつなぎ材を設置するのが望ましい。そうすれば，あらゆる危険を取り除くことができるであろう。

さらに，中央交差部の丸天井にて作業を行うために，錯綜したステンドグラスの上から第1の足場を組むことに決定した。

さらに，小天使が取り付けられた真束が完全に腐っている上に，身廊のもう1つの真束とぴったり合っていないことを確認した。そのもう1つの真束が，木組みとの上部接合部分において破損しているからである。いい作業をしたいのであれば，後陣の上にある真束を2層にし，小天使を第2の真束に取り付ければいい。こうすれば，後陣の外構えに用いられた木材の大部分は，再利用することができるであろう。

さらに，小さな鐘がいくつも設置された鐘楼も，満足の行く状態ではない。鐘楼が建設されたのが随分前で，もはや古くなっているからである。大きな鐘が設置された鐘楼も同様である。これらは早急に修繕を施す必要がある。

さらに，屋根組みに用いられているつなぎ材4本は，一方の端が腐っているため，取り替えるべきである。もしそれらを取り替えたくないのであれば，私たちが提示した方法でそれらのつなぎ材を修繕する必要がある。

V・モルテ編『考古学会議』(1900年)
所収，H・プラディエ訳

トロワ大聖堂の鑑定報告（『教会参事会審議録』1362年）

トロワ大聖堂の鑑定により，建築家が解決すべきであった構造上の問題が明らかになった。

これは，1362年冬の聖マルタンの祝日(訳注：11月11日）後の土曜日に，石工親方ピエール・フェザンが行ったトロワ大聖堂の鑑定報告である。

まず，低い丸天井の祭室全体，大聖堂内陣の周囲にある祭室全体に再びセメントを塗るべきである。

さらに，いくつかの場所において，樋嘴部分のエンタブレチュアを再作成し，設置し直すべきである。

さらに，中庭側にある司教猊下の礼拝堂の高さに飛び梁を設置する必要がある。

さらにまた，ジャン・ド・トルヴォワによる新たな建築物を検査したところ，飛び梁の配置が高過ぎることを除けば，他に欠陥はないようであった。それらの飛び梁は，角から出ている小塔のところまで取り壊すのが望ましい。そうすれば，あるゆる石造部分を完全に守ることができる。再建築・再配置を行うとなると，250フローリンの費用がかかるものと思われる。

さらにもう1つ，司教代理の住居側の新しい飛び梁にも欠陥がある。必要があれば，その部分を見せることもできる。この飛び梁に石膏とモルタルをふんだんに使ったとしても，まだ満足できるものではない。この建物自体は，丈夫で価値のあるものであることはたしかだが，この欠陥のために美しさが損なわれている。

さらに，上部通路の柱が破損し，接合箇所が欠けている。また，雨水が漏れ，壁を伝って流れている。

さらに，多くの場所，すなわち階上廊の継ぎ目で雨水が漏れ，壁を伝って流れているため，修繕する必要がある。

さらに，鐘楼の4つの祭室，すなわち飛び梁上部の継ぎ目を修繕する必要がある。ここには，どうしても修繕が必要な，重大な欠陥がある。

要望があれば，前述の親方は，何なりと申し付けられた通りに働く所存である。

アルボワ・ド・ジュバンヴィル編
『パリ古文書学校文献集』(1862年)，
H・プラディエ訳

ルーアンのサン・トゥアン修道院付属教会における２つの丸天井建設に関する契約(『ルーアン古文書資料集』1396 年)

この契約書には，2つの丸天井の建設について非常に細かい記載がなされているが，これは何も例外的なことではなかった。

1396年11月26日日曜日。

修道士，修道院長，ルーアンのサン・トゥアン修道院，および修道士トマとラウラン(通称ガニェ)，石工トマ・ユーとピエール・デュ・ボスクとの間に，以下の建築物を総額130トゥール・リーヴルで建設するために取り交わした契約の内容は，以下の通りである。

梁，２つの要石を有する迫持，２つの交差アーチのリブ，真ん中の横断アーチを設置するための石材は，既に切り整えられている。迫持が一方の要石の代わりに用いられた場合は，前述の両石工は，もう一方の要石のところにも迫持を設置する。さらに石工は，板材と，その板材の上に置かれた部材とを有する架台の上に，足場を設置する。足場は，木材，板材，網，鎖，綱で造るものとする。さらに，要石とリブ，格間を配置し，交差アーチを形造る容易ができたら，石工はもう一方の側に，もう１つの要石を設置するための架台を配置する。さらに，前述の2つの要石，2つの交差アーチのリブ，真ん中の横断アーチを，修道院の井戸の上に設置・固定する。さらに，交差アーチや横断アーチを設置する際，本作業用に既に切り整えた石材を使用するが，もし整形済みの石材が十分になければ，両石工が，利用する分だけ石材を切り整える。もし必要以上にあるのであれば，超過分はもう一方の施工に充てる。さらに，截石を行った際に出た石片は，倉庫のなかに保管しておく。前述の交差アーチと格間を完成させるために必要な分の石材を，両石工が切り整える。さらに，格間をペンデンティブにし，格間の迫持を設置する。両石工には，そのために必要な木材・板材が支給される。さらに，両石工は，本作業のためにあらゆるものを使

爆撃により木組みは焼失し，鉛製の屋根は溶けてしまったが，丸天井は爆撃に耐えた。

用することができる。両石工には，本作業に必要と思われる綱や滑車など，さまざまなものを運搬する手段として，馬と馬具一式が支給される。さらに，本作業に必要なモルタルが支給される。さらに，本作業に必要な石膏が支給されるが，これは両石工が石膏採掘場に取りに行くものとする。さらに，水を運び，水を入れておくための桶が支給される。さらに，モルタルを入れておくための手桶が2つ支給される。さらに，作業台，篩，鉤が支給されるが，これらは両石工が現場に取りに行くものとする。総括するに両石工は，下部から整えつつ良質の被覆材で上部を覆う，つまり前述の交差アーチ，要石，横断アーチを設置・固定・完成させる義務を有する。これらはすべて，前述の形式・方法に正確かつ忠実に従うものとし，適宜，親方ジャン・ド・バイユーら有能な人々の意見に従うこととする。両石工はそれぞれ，作業が続く間，毎日ワインを1ショピーヌ（訳注：約0.5リットル）支給される。また，作業を進めるに当たって，必要が生じた折々に助手を雇うことができる。さらに，年長のギヨーム・ドレは，本作業を行う代わりに，前述の金額を受け取る。両石工は，翌月曜日から本作業に取りかかり，本作業が完了する日まで，毎日働き続けるものとする。両石工は，本作業を，完了するまで毎日とり行い，決められた通りに正確に成し遂げることを，２人そろって確約すると共に，個別にも確約した。その内容は，上述の通りである。両石工は家財を担保に入れ（……），誓言した（……）。

ボールペール著
『ルーアンの歴史的建造物の愛好者たち』
（1902年）所収，H・プラディエ訳

サン＝ジュリアン＝デ＝シャズ小教区教会の内陣および鐘楼の再建の定額請負（『ブリュード資料集』1463年）

「定額請負」の文書のなかにも，同じように細かい記載がなされている。

自分自身で確固たる地位を築いた，尊敬すべき高潔な修道女であり，シャズ修道院の女子修道院長であるマリー・ド・ラニャック，高潔なるピエール・ベルトラン，ピエール・エロー，ピエール・ジョベール，ジャン・プリュラック，ポン・モリ，ピエール・ポミエ（別名ボスルドン），ジャン・デュマ（別名ベッセール），自発的に参加したシャズ住民らは，以下の内容の作業を，以下に記す方法に従って依頼するに当たって，そのために必要とされている人物，すなわちサン＝ジュリアン＝デ＝シャズ教区内モンテの住人にして，ピエール・コンブレの息子である石工ジャクム・コンブレに，定額請負にて作業を発注した。その請負の内容とは以下の通りである。

1.サン＝ジュリアン＝デ＝シャズ小教区教会の鐘楼の付属祭室を，上から下まで建設する。

2.その付属祭室の壁は，土台から後陣

まで，厚さ3ピエとする。付属祭室の幅は3ブラス半（訳注：1ブラスは約1.66メートル）とする。付属祭室は3つの後陣——必要なだけの幅と高さを有する2つの大後陣と1つの小後陣——を有する。

3.同教会の内陣を凹曲面に建設する。内陣は，長さ約3ブラス半，幅3ピエとし，6つの小室と，外側に4つの支柱を持つ（鐘楼の2つの支柱を含まない）ものとする。

4.その内陣の壁を建設する。土台の2，3層はブルドレール石で，他の部分は切り石で造るが，支柱間の壁はブルドレール石で造ることとする。壁の幅は2ピエ半，内陣の内側の高さは4ブラスとする。

5.内陣には，その大きさに見合った大きさのステンドグラスを2つ設ける。また，祭壇の後ろに，高さ1ピエ半の小さなガラス窓を設ける。

6.内陣の祭壇の後ろに，高さ3ピエ，幅2ピエの小さな収納戸棚を設置する。

7.前述の石工は，本作業に必要な切り石を採石場から採掘する。サン＝ジュリアン教区の住民は，採石を行う石工の手助けをする。

8.石工は，本作業に用いる石膏を入れる桶を作る。本教区の住民は石工に木材を提供する。

9.住民は，石工に対し，その場で石材・石灰・砂利を提供し，モルタル造りなどあらゆる単純労働を行う。

10.本作業が終了した段階で残った石膏

第一次世界大戦前のランス大聖堂の正面部分。

は，本作業に再び利用されることがなければ，教区民のものとなる。同様に，残土はジャクム・コンブレのものとなる。

G・ファニエ著
『13・14世紀パリの産業と労働者階級に関する研究』（パリ，1877年）所収，
H・プラディエ訳

5 器械

器械の製造に関する資料は，建築関係の資料に比べると量が少ない。ここに掲載した2つの公正証書には，起重機を製作する場合に当然起きるであろう建築主の不安が表れている。

アルルにおける起重機の製作（公正証書の正本（1459年））

上記の年［1459年］6月9日，関係各位に以下通告する。

アルルのドミニコ会修道院の尊敬すべき修道院長にして神学博士であるアルジャリウス・バルトロマイ師は，アルル在住の建築用材商人ギュイヨ・ペリシス氏に対して金を支払い，神および栄光に満ちた聖母マリアに称賛と敬意を表して同修道院が，現在の同修道院教会の隣もしくは付近に新しい教会を建築する際に，それに必要な石材などの資材を持ち上げる起重機（アルルの100キンタル（訳注：1キンタルは100キログラム）の重りを持ち上げ，支えられるだけの機能を有するもの）を，良質の用材を使用して新たに製作するよう同氏に依頼する。それは，以下の条件に従って行われるものとする。

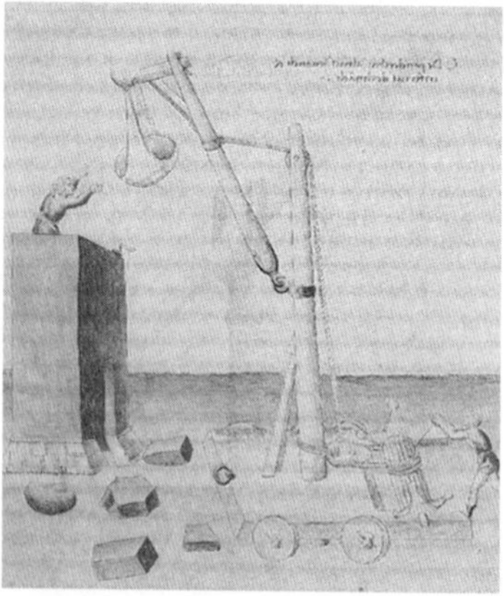
15世紀シエナの「技師」マリアーノ・タッコラの建築用起重機。戦争用の器械にヒントを得て造られた。

まず，ギュイヨ氏は，今月6月中に同起重機を製作し，同教会の建設現場に設置する義務を正式に担う。内でも外でも使用できるように,起重機の高さは8カン（訳注：地方によって異なるが，1カンは1.7～3メートル）とする。院長殿は，起重機が設置される場所を掃除しておくなど，その設置場所を自費で維持管理する。

同様に，院長殿は，起重機に必要な金具類を，すべて修道院の費用で提供すること，同金具類の修繕が必要になった場合は，修道院の費用で修繕を行うこととする。

同様に，院長殿もしくは修道院は，ギュイヨ氏が製作を請け負った起重機の用材代および製作代として，同氏に48フローリン支払うものとする。そのうち2フローリンは，手付金としてこの場で直ちに支払われる。残りの46フローリンは，起重機が完成して，所期の機能を備えていることを確認した後，起重機が当該場所に設置された日から15日後に支払われる。ギュイヨ氏は，総額48フローリンのうち手付金として支払われる2フローリンについて，いかなる場合にあっても，院長殿から受け取り済みであることをここに認めるものである。

（……）本契約は，アルルの同修道院内，図書館の隣の回廊の翼において取り交わされた。立会人は，船頭ピエール・ジャカン，アルル市民にしてアルルに在住する石工ビオン・アルヴェルナス，そしてこの私こと公証人ベルナール・パンゴニス他である。

上記の年10月12日，関係各位に以下通告する。現在アヴィニョン在住のヴァランスの商人で，現在まで無償で作業を行っていたジャン・ガル氏は，当修道院の院長殿に対して結んだ契約に適った起重機を製作することができなかったがため，改めて決定した調停額に従い，本来48フローリン受け取るところを，同氏が起重機の修繕の際に自費で負担した15フローリンを含め，40フローリンだけを院長殿からたしかに受け取ったことをここに認める。同氏は本契約を破棄し，自分の全財産を担保に，完全な起重機を製作することをここに誓約するものである。（……）

本約定は，同修道院の，参事会の建物前の回廊にて取り交わされた。立会人は，アルル在住の革細工職人ジャック・シャヴァッシー，マチュー・ベルナルディ，そしてこの私こと前述の公証人他である。

B・モンターニュ著『プロヴァンスのドミニコ会修道院の建築』（パリ，国立科学研究センター，1979年）所収，P・モロー訳

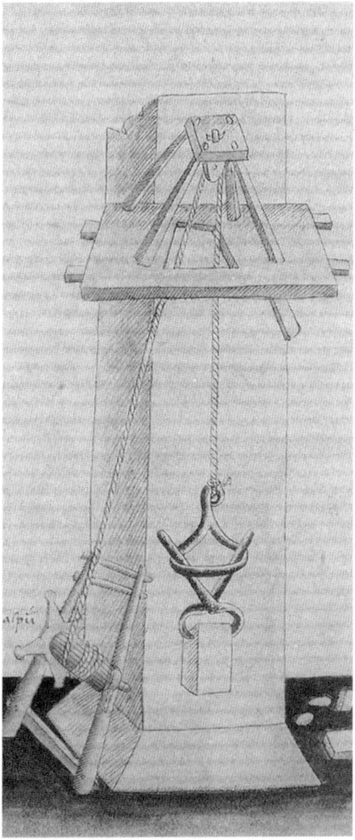

同じくタッコラの筆による起重機。友人のブルネレスキから借りたもの。

6 野の石

建築家フェルナン・プイヨン（1912〜1986年）の小説『野の石 Pierres sauvages』（ル・スイユ社，1964年）には，ヴァール県トロネ修道院の建築を行ったシトー会修道士に語らせる形で，設計案の作成や現場の組織組みのことが詳述されている。プイヨンは，12世紀の建築家にとって――20世紀の建築家にとっても同じであるが――自分の頭にある構想を十分に練り上げることがいかに必要であったかを明らかにしている。それは，建築主を納得させるためでもあれば，詳細な情報を現場に伝えるためでもあった。ここに挙げた抜粋は，あまり語られることのないこうしたテーマを取り上げている。

聖フュルベールの日（4月10日）

2次元の平面図は，それだけで評価されるべきものではない。全体を不完全にしか表していないこの絵画は，空想へといざなうきっかけになるに過ぎない。高さと奥行きを同時に確定しておかなければ，また基本的な部分をごく細かいところまで全体にわたって決めておかなければ，到底建築物を造り上げることなどできない。4次元的なイメージ――建築物をダイナミックにとらえた姿――をたどらない建築家などいないのだ。(……) 私たち建築家の仕事とは，前もって頭のなかで，設計図の元になる構想を造り上げ，その構想のなかに

トロネ修道院の回廊（上図）を含め，修道院全体が，形を整えにくい石材をきれいに切り出して建設されている。石材1つ1つの接合部は，もはや完璧の域に達している。

住み，そこに自分を置き，そこで寝起きし，壁を引っ繰り返したり，重いブロックを動かしたりし，バランスや重力などものともしないで，構想物を回転させたり，逆さにしたり，さまざまなイメージを素早くあてがったり，逆に1つのイメージに執着したりすることなのである。(……)

聖ノルベールの日（6月6日）

われらが偉大な建築家が築いた大聖堂，石の透かし模様で飾られた巨大な鐘楼，壮麗な彫像や，ステンドグラスが宝石のような光彩を放つ巨大な窓を備えた修道院，これらはもちろん豪奢な建築物である。(……) シトー会修道士にとって素晴らしいものであっても，世俗の人々や世俗司祭にとっては必ずしもそうではない。(……)

洗礼者聖ヨハネの日（6月24日）

(……) 私は生涯，修道士というよりは石工，キリスト教徒というよりは建築家であった。それは私の落ち度なのだが，修道会が私にそう仕向けたとも言える。ほとんどいつも，息つく暇もなく与えられる命令に従い，ドイツからブルゴーニュへ，ブルターニュからアキテーヌへと渡り歩き，わが修道院のために交渉を行わなければならなかった。シトー会の修道院の建物は，私の手によるものであった。(……)

聖アンヌの日（7月26日）

(……) たしかにその通りだが，街を造るには，設計図と，それを理解できる頑強な男たちが必要だ。資材がそろえばいいという問題ではない。(……)

聖サビーヌの日（9月3日）

(……) しかし，私が授業中にほとんど落書きなどしなかったのはたしかである。たとえ机の隅に落書きしたとしても，ごく小さな絵で，しかもすぐに消してしまった。むしろ私は，ある形が心のなかに次から次へと湧き上がってくるのを楽しんでいた。それらはやがて一定の形を取り，私の心に刻み付けられ，脳裏に蓄積されていった。私は,人と話している時も,歩いている時も,寝ている時も，夢を見ている時も，こののんびりとした厄介な作業に入り込んでしまい，あまりに夢中になり過ぎて，日常生活のなかで夢遊病者のようになってしまう有様だった。ある日私は,机にかがみ込んで,この想像上の世界を描いた。それはちょうど，作曲家が楽譜に自作の曲を書き付けているような感じだった。作曲家はこうして書きながら，作曲した曲が心のなかに鳴り響くのをおそらく待っているに違いない。(……) 建築家とか施工者と言う時，それは単なる名称ではなく，そこには確固とした絶対的な役割がある。形態，大きさ，重さ，耐久力，圧力，尖塔，バランス，動き，線，経費や負担金，湿度，乾燥，暑さや寒さ，音響，光，陰や薄明かり，感覚，土，水，空気，そしてあらゆる資材など，ありとあらゆるものが，この至高の役割のなかに，建築を行う普通の男のたった1つの頭のなかにあるのだ。

聖母マリア生誕日（9月8日）

ここ何ヶ月もずっと考えてきたからだろうか，それとも私がつまらない図面書きに過ぎないからだろうか？　自分にはよく分からないが，私は容易に修道院の配置図を描くことができた。教会，半ドームの4つの小後陣の付いた後陣，香部屋，そして回廊の周りに，決められた順に，図書室，参事会室，共同寝室への階段，面会室への廊下，修道士の部屋，暖房室，食堂，厨房，貯蔵室，西側の回廊を閉める助修士の寝室（……）。かつて身内に畏れと尊敬を呼び起こしたこの形態が，私の4つの製図用具から自然に出て来たのである。（……）私は，この図面の中を，静かに，心安らかに散歩した。ずっとそこに住んでいたかのように，教会の正面を横切っていった。一体，私のあの抽象的な思考，私の夢の世界，幻覚の世界はどこへ行ってしまったのか？　建築計画のなかにいかなる欠陥も誤りも修正も認めない厳格な建築家として構想するのは，とても簡単ではあるのだが。（……）私の1日は，石工や建築家を誠実な修道士のように思い描くことで過ぎていった。

7パリのノートルダム大聖堂の南西塔の修復(1992〜1993年)

大聖堂といえども未来永劫に立っているわけではなく，汚染や悪天候によって徐々に蝕まれている。歴史的建造物保護事務局は，歴史的建造物の修復・維持を行っている。そうした作業は，中世の建築技術を受け継いできた職人たちに依頼されるが，建築物の劣化の診断をする際には，最先端技術が用いられる。

右図のグレー部分は，1847年から1850年にかけてヴィオレ=ル=デュックが置き換えた石材を表している。次項以下の2つの写真は，1992年から1993年にかけて行われた修復以前および修復作業中の塔の扶壁である。

劣化の診断とその原因

1844年から1864年にかけて，ラシュスとヴィオレ=ル=デュックの指揮の下に行われた最後の大修復作業以来，絶えず歴史的建造物保護事務局が維持活動を行ってきた。しかし現在，こうした活動にもかかわらず，石造りの部分，とりわけ悪天候に最もさらされやすい部分で，顕著な劣化が見られるようになり，改めて全体の修復を行う必要が出て来た。この修復作業には，およそ10年の期日を要する。

都市の大気汚染に加え，前回の修復作業の際に大聖堂周辺の建物——特に西側と南側——が撤去されたことにより，風をさえぎるものがなくなって，強風に直接さらされるようになったために，石の磨耗が速くなっている。興味深いことに，建築物の劣化は，ヴィオレ=ル=デュックが手を付けなかった昔からの部分だけでなく，ヴィオレ=ル=デュックが修復を行った部分にも及んでいる。

どのような石材を選ぶべきか？　どのような方法を用いるべきか？

劣化した石材に代わる新たな石材について，熱心な研究がなされ，研究室で数多くの試験や分析が

パリのノートルダム大聖堂の南塔の扶壁の劣化状態(1988年)。

行われてきた。いちばん大きな問題は，外観や色調の面でも，物理的・力学的特徴といった面でも，既に用いられている石材に見合う石材を選択しなければならないことであった。こうした問題に加えて，大聖堂建設当時に用いられていた採石場は，19世紀の時点でもはや使用できなくなっていた。前回の修復作業の際には，ヴィオレ=ル=デュックの指導の下，請負業者は11種の異なる石材を用いて修復を行っている。

劣化した石材の置き替え作業は，伝統的な方法だけを用いて行われた。修復現場に石切りの工房を設置することにより，職人はいつでも，各石材がどこに配置されるべきものかを知ることができ，配置場所に見合った加工をできるだけ精密に行い，忠実な修復作業を行うことができるという，またとない利点に恵まれた。もし現場から遠く離れた場所で石材の加工が行われていたとしたら，職人が修復の対象となる建築物に接する機会は，石工頭が提供する図面や原寸図以外になかったと思われる。そうなれば，忠実に修復するという作業がはるかに困難になっていたことだろう。

崩落している土台の化粧積み石材——特に損傷が甚だしい接合部周辺——の根継ぎに加え，さらに，石目を垂直方向にして積んだ欄干の多くの部分，水垂れ（訳注:蛇腹帯の上端），小尖塔，鐘堂の大開口部側面を飾る拳華（訳注:ゴシック建築に用いられる葉巻と芽をモチーフにした装飾）を修復する必要があった。また，彫像や樋嘴も修復の対象となり，保管されていたヴィオレ=ル=デュックの工事日誌や図面から，欠けていると判断できる部分のみ復元された。

修復の費用

今回の修復作業は，1992年に始まり，1993年夏に終了，総額1500万フランの出費となった。元の建築物を最大限に生かすことを考慮して，このまま使用していくには都合の悪い石材のみ交換した。使用された石材は，パリ盆地のサン=ピエール・エーグル採石場およびトランロワ採石場から採取したもので，総量200立方メートルに及ぶ。

次回の修復作業は，1993年から1994年にかけて，大聖堂の正面部分を行うものとする。

歴史的建造物保護事務局総監督官 兼
建築主任 ベルナール・フォンケルニー

修復を請け負ったのは「ケラン」という会社

である。歴史的建造物保護事務局の建築主任の指揮の下，主に石材の加工とその設置を担当した。

パリのノートルダム大聖堂の修復作業（1992年）において，再び化粧仕上げを施した石材が設置された南塔の扶壁。

中世の建築物を仔細に分析してみても，それに用いられていた技術や現場の組織組みをあまり知ることはできない。それには，図版——たいてい後世に描かれたものであり，型にはまった陳腐なものもあるが——を含め多くの文献に当たることが必要である。文献のなかには読み解くのが難しいものもあるため，現在まで大して利用されていないものが無数にあり，現代フランス語に翻訳されているものなどほとんどない。今回フィリップ・モロー氏がラテン語からの翻訳を，ユーグ・プラディエ氏が古フランス語からの翻訳を担当してくれた。

INDEX

INDEX

出典(図版)

【カバー】

カバー表 「バベルの塔の建設」，ルドルフ・フォン・エムス著『世界年代記』（2° Ms. théol. 4）所収。カッセル総合大学図書館，州立ムーアハルディッシェ図書館蔵。

【口絵】

5-13◉ストラスブール大聖堂の正面中央の図面（部分，inv. n° 5)。ノートルダム財団美術館（ストラスブール）蔵。
15◉「修道院の創建」，『シレジアの聖ヘートヴィヒの生活』(Ms. Ludwig XI 7）所収。J・ポール・ゲティ美術館（マリブ）蔵。

【第1章】

16◉「ジラール伯夫妻による12の教会の建設」（Cod. 2549)，ジラール・ド・ルシヨン画。オーストリア国立図書館（ウィーン）蔵。
17◉「教会の建設」，『黄金の詩篇』（Cod. Sang. 22）所収。聖ガレン修道院図書館蔵。
18◉「イングランドに上陸するバイキング」
18-19◉「ムーラン」，ギヨーム・ルヴェル著『オーヴェルニュ紋章集』（Ms. fr. 22297）所収。フランス国立図書館（パリ）蔵。
20-21◉「耕作の風景」
22◉フランスのローマ時代の道路地図と16世紀の道路地図。ジャン・ユベールとシャルル・エティエンヌ作成の地図による。
22-23◉「アルルの城砦」，版画，1686年。フランス国立図書館（パリ）蔵。
23◉「都市の風景」，『マルコ・ポーロによるアジアとインドの驚異の書（東方見聞録）』(Ms. fr. 2810) 所収。フランス国立図書館(パリ)蔵。
24-25◉グリーンステッド教会の板壁(エセックス州)。
25◉「教会の祝別」，『ラナレットの司教用典礼定式書』（Ms. A 27）所収。ルーアン市立図書館蔵。
26◉アルボンの領主の砦（ドローム県)。
26-27◉「レンヌの街とギヨームの兵士」，「バイユーのタペストリー」の一部。タペストリー美術館（バイユー）蔵。
27◉「サン＝ジェルマン・ドーセール修道院の包囲」，エモン著『エゼキエルについて』（Ms. lat. 12302) 所収。フランス国立図書館（パリ）蔵。
28◉「木橋の建設」，『アレクサンドル王物語』所収。プティ・パレ美術館(パリ)蔵，デュテュイ・コレクション。
28-29◉エロー川にかかるグール＝ノワール橋。
29◉「橋の構想」，ヴィラール・ド・オヌクール著『画帖』（Ms. fr. 19093）所収。フランス国立図書館(パリ)蔵。
30◉「カンタベリ修道院の平面図」，『カンタベリ写本』（Ms. R 17-1）所収。ケンブリッジ・トリニティ・カレッジ図書館蔵。
30-31◉聖ガレン修道院の平面図。エンチクロペディア・ウニヴェルサリス『建築図面』による。
32◉「塔の建設」，『世界の歴史』もしくは『フランス語の聖書』（Ms. fr 9685）所収。フランス国立図書館（パリ）蔵。
32-33◉プロヴァンの城壁（セーヌ＝エ＝マルヌ県）
34◉カレル橋（プラハ)。
34-35◉「ランス」，版画，17世紀。フランス国立図書館（パリ）蔵。
35◉中世プラハの平面図。
36左◉ラン大聖堂の断面図。
36右◉「聖バルバラ」，ヤン・ファン・アイク画，デッサン。アントワープ王立美術館蔵。
37左◉大聖堂の断面図。
37右◉ボーヴェ大聖堂の断面図。
38◉「トロイ人によるヴェネツィア，シカンブリア，カルタゴ，ローマの建設」，ジャン・ド・クシー著『ラ・ブークシャルディエール』もしくは『年代記』（Ms. fr. 2685）所収。フランス国立図書館（パリ）蔵。
38-39◉「モンテギュー」，ギヨーム・ルヴェル著『オーヴェルニュの紋章集』（Ms. fr. 22297）所収。フランス国立図書館（パリ）蔵。
39◉フォントヴロー修道院の平面図，1748年。フォントヴロー修道院蔵。

【第2章】

40-41◉サン＝ニケーズ修道院付属教会の建築家ユーグ・リベルジエの墓石（部分と全体)。ランス大聖堂倉庫蔵。
42◉「聖アルバン教会の建設」，『マーシア王国オッファ家の生活』（Ms. Cotton Nero D I）所収。大英図書館（ロンドン）蔵。
42-43◉「別荘の建設」，ピエトロ・デ・クレシェンツィ著『農事要覧』（Ms. add. 19720)所収。大英図書館(ロンドン）蔵。
43◉「建築家，修道院長，石切り工，会計係」。サン＝ジェルメ＝ド＝フリ修道院礼拝堂のステンドグラスをスケッチしたもの(デュ・コロンビエによる)。
44◉ハンス・ハマーの契約書。ストラスブール市立資料館蔵。
45◉ランス大聖堂の正面。
46上◉「ジラール・ド・ルシヨンの妻ベルトの指揮の下に行われたヴェズレーのマドレーヌ教会の建設」，ロワゾ・リエデ著『カール・マルテルとその後継者の歴史』（Ms. 6）所収。アルベール1世王立図書館（ブリュッセル）蔵。
46下◉「ソロモン王の神殿の建設」，『メアリ女王の詩篇集』（Ms. Royal 2 B VII）所収。大英図書館（ロンドン）蔵。
47◉サン＝テティエンヌ大聖堂の身廊。
48◉「ウィンチェスター司

教ウィリアム・オブ・ウィカム」,『ションドラー写本』(Ms. New College 288) 所収。オックスフォード・ニュー・カレッジ蔵。
49◉「シャルトル大聖堂を祝別する聖フュルベール」,『ノートルダムの過去帳』所収。アンドレ・マルロー市立図書館 (シャルトル) 蔵。
50左◉アミアン大聖堂。トリフォリウムと, 内陣を望む身廊。
50-51◉アミアン大聖堂。入口を望む身廊。
51◉アミアン大聖堂。平面図および部分的な断面図と立面図。
52-53◉アミアン大聖堂。尖塔と中央ポルターユ。
54上◉「シェーナウのシトー会修道院の建設」, デッサン (Hz. 196)。ゲルマン国立博物館 (ニュルンベルク) 蔵。
54下◉「木を切るシトー会士」,『ヨブ記講解』所収。ディジョン市立図書館蔵。
55◉「シトー会修道院の模型を見る教皇」, デッサン (Hz. 197)。ゲルマン国立博物館 (ニュルンベルク) 蔵。
56左◉サンティアゴ=デ=コンポステーラ。栄光の門。
56右◉サンティアゴ=デ=コンポステーラの平面図, 水彩。サンティアゴ=デ=コンポステーラ蔵, P・サルミエント研究所。
57◉「賢王アルフォンソ8世とレオノールと建築家フェランディ」, 12世紀。マドリード国立資料館蔵。
58◉シュジェ, モザイク画。サン=ドニ修道院附属教会蔵。
59◉サン=ドニ修道院附属教会の周歩廊。
60◉カンタベリ大聖堂。
61◉カンタベリ大聖堂の内陣。
62上◉「城壁の建設」, ウスタシュもしくはトマ・ド・カン著『騎士道物語』(Ms. fr. 24364) 所収。フランス国立図書館 (パリ) 蔵。
62下◉「ブールジュ」, デッサン。トマ・ドブレ美術館 (ナント) 蔵。
63◉ドーバーの城砦。
64◉ランス大聖堂の正面のばら窓。
65左◉ルーアンのサン=トゥアン修道院付属教会にある建築家 (人物不詳) の墓石。デュ・コロンビエによるスケッチ。
65右◉ランス大聖堂正面の飾り破風。
66-67◉パリのサント=シャペルのステンドグラス。南側のステンドグラスと正面のばら窓。
68左◉ルーアンのサン=トゥアン修道院付属教会にあるベルヌヴァル親子 (コランとアレクサンドル) の墓石。デュ・コロンビエによるスケッチ。
68右◉ルーアンのサン=トゥアン修道院付属教会。
69◉ランス大聖堂の迷路模様の敷石。
70左◉マチュー・ダラス, 彫刻。聖ヴィート大聖堂(プラハ) 蔵。
70右◉プラハの聖ヴィート大聖堂。
71上◉カール4世, 彫刻。聖ヴィート大聖堂(プラハ) 蔵。
71下◉ペーター・パルラー, 彫刻。聖ヴィート大聖堂(プラハ) 蔵。
72◉ルーアン大聖堂のバターの塔
72-73◉「木型」, ヴィラール・ド・オヌクール著『画帖』(Ms. fr. 19093) 所収。フランス国立図書館(パリ) 蔵。
73◉シャルトル大聖堂の聖シルヴェストルのステンドグラス (部分)。

【第3章】

74◉ストラスブール大聖堂の正面の図面 (部分, inv. n°5)。ノートルダム財団美術館 (ストラスブール) 蔵。
75◉「測量技師」(Ms. add. 15692)。大英図書館 (ロンドン) 蔵。
76◉ルーアンのサン=マクルー教会の模型。ルーアン美術館蔵。
77上◉聖母マリア教会の模型, 1520年頃。レーゲンスブルク市立美術館蔵。
77下◉パラチナ伯の横臥像。ゲルマン国立博物館 (ニュルンベルク) 蔵。
78◉寄進者ジャン・ティサンディエ司教の像, 彫刻。オーギュスタン美術館 (トゥールーズ) 蔵。
79左◉ストラスブール大聖堂の正面の図面 (inv. n°5)。ノートルダム財団美術館 (ストラスブール) 蔵。
79右◉ノートルダム財団の印章, 1486年。ストラスブール市立資料館蔵。
80-81◉ストラスブール大聖堂の正面の図面 (inv. n°2), 正面北半分の図面 (inv. n°3), 尖塔の立面図 (inv. n°8)。ノートルダム財団美術館 (ストラスブール) 蔵。
82上◉ランス大聖堂の正面ポルターユ裏側の原寸図, スケッチ。
82下◉パリ国立中世美術館の現代の図面。
83◉スコットランドのロスリン礼拝堂。
84◉原寸図のうえで屋根組みを解説する木大工。コンパニョン・デュ・ドヴォワール (パリ) 提供。
85上下◉ヨーク大聖堂の製図室と床に描かれた図面。
86◉シャルトル大聖堂の聖シェロンのステンドグラス (部分)。
87◉「原寸図」, ヴィラール・ド・オヌクール著『画帖』(Ms. fr. 19093) 所収。フランス国立図書館 (パリ) 蔵。
88◉「ラン大聖堂」, ヴィラール・ド・オヌクール著『画帖』(Ms. fr. 19093) 所収。フランス国立図書館 (パリ) 蔵。
88-89◉「ローザンヌ大聖堂のばら窓」, ヴィラール・ド・オヌクール著『画帖』(Ms. fr. 19093) 所収。フランス国立図書館 (パリ) 蔵。
89◉ローザンヌ大聖堂のば

ら窓。カール・F・バーンズ撮影。
90●「ランス大聖堂の飛び梁」，ヴィラール・ド・オヌクール著『画帖』（Ms. fr. 19093）所収。フランス国立図書館（パリ）蔵。
91左●ランス大聖堂の側面。
91右●「ランス大聖堂の側面の立面図」，ヴィラール・ド・オヌクール著『画帖』（Ms. fr. 19093）所収。フランス国立図書館（パリ）蔵。

【第4章】

92●「トロイの再建」，ジャン・コロンブ画『トロイ史選集』（Min. 632）所収。ベルリン国立美術館銅版画収蔵室蔵。
93●ノリッジ大聖堂の「石工」，彫刻。
94●「石工と木大工を迎えるロードス島の聖ヨハネ救護騎士修道会の修道院長」，ギヨーム・カウルサン著『ロードス島の包囲』（Ms. lat. 6067）所収。フランス国立図書館（パリ）蔵。
95●「バベルの塔の建設」，『ベッドフォード公の祈祷書』（Ms. add. 18850）所収。大英図書館（ロンドン）蔵。
96左●ソールズベリ大聖堂の尖塔の骨組み。
96右●グロスター大聖堂の建設現場で起きた事故を記念して彫刻された持出し。F・H・クロスリー撮影。
97●イーリー大聖堂の8角形の採光塔。
98●ウェストミンスター寺院付属教会。ヘンリー8世礼拝堂の扇形ヴォールトのスケッチ。
99●ケンブリッジ大学礼拝堂の扇形ヴォールト。
100上●マテス・ロリツァー画「小尖塔の平面図と立面図」
100下●ブールジュ大聖堂の石工のステンドグラス（部分）。
101●「バベルの塔の建設」，『天地創造依頼の古代史』（Ms. fr. 250）所収。フランス国立図書館（パリ）蔵。
102●「円柱の根継ぎ」，『ルーアンの丘で行われた戴冠式を主題とする国王賛歌集 1519～1528年』（Ms. fr. 1537）。フランス国立図書館（パリ）蔵。
103●サン＝ジェルマン＝デ＝プレ教会（パリ）に残された石工の印。
104●「バベルの塔の建設」，ルドルフ・フォン・エムス著『世界年代記』（2° Ms. théol. 4）所収。カッセル総合大学図書館写本部，州立ムーアハルディッシェ図書館蔵。
105左●ベルナール・ド・クレルヴォー，彫刻。バール＝シュル＝オーブ。
105右●「シェーナウのシトー会修道院の建設」，デッサン（部分，Hz. 196）。ゲルマン国立博物館（ニュルンベルク）蔵。
106●「建設現場の人夫たち」，クイントゥス・クルティウス著『アレクサンドロス大王物語』（Ms. fr. 20311）所収。フランス国立図書館（パリ）蔵。
106-107●爆撃を受けたランス大聖堂，1917年。ルフェーヴル＝ポンタリス撮影。
107●「建設現場の人夫たち」，『世界年代記』（Cod. germ. 8345）所収。バイエルン国立図書館（ミュンヘン）蔵。
108上●「シェーナウのシトー会修道院の建設」，デッサン（部分）。ゲルマン国立博物館（ニュルンベルク）蔵。
108下●「採石場の採石工」（Ms. Royal 15 E III）。大英図書館（ロンドン）蔵。
109●アッピア街道から見たチェチリア・メテッラの墓（ローマ）。
110左●ラン大聖堂の塔に彫刻された牛の像。
110右●「セーヌ川を使った輸送」，『1528年の王令』所収。
111●「つながれた牛」，『ラットレル詩篇』（Ms. add. 42130）所収。大英図書館（ロンドン）蔵。
112-113●「ヤッファの壁の建設，採石場」，『エルサレム年代記』（Cod. 2533）所収。オーストリア国立図書館（ウィーン）蔵。
113●「建設現場を訪れるダゴベルト1世」，『フランス大年代記』（Ms. fr. 2600）所収。フランス国立図書館（パリ）蔵。
114-117●「1375年ストラスブールを前にしたアンゲラン・ド・クシーおよびその軍隊」「1420年ベルン大教会の建設の始まり」「橋の建設」「1191年ベルンの建設」「1405年の火災の後のベルンの再建」「1420年ベルン大教会の建設の始まり」，ディーボルト・シリング著『ベルン年代記』もしくは『シュピーツ年代記』（Ms. Hist. helv. I-16）所収。ベルン市民図書館蔵。
118-119●「ノアの箱舟の建設」，『ベッドフォード公の祈祷書』（Ms. add. 18850）所収。大英図書館（ロンドン）蔵。
119●「建設現場の風景」（Ms. fr. 2609）。フランス国立図書館（パリ）蔵。
120●「パリのサント＝シャペルの金属構造のスケッチ」，ジャン＝バティスト・ラシュス画，デッサン，1850年。歴史的建造物資料館（パリ）蔵。
121●爆撃を受けたサン＝カンタン大聖堂。
122●「鐘を持ち上げる仕組み」，マリアーノ・タッコラ著『器械について』（Ms. lat. 7239）所収。フランス国立図書館（パリ）蔵。
123上●「教会の建設」，『ダビデ詩篇』（Ms. grec 20）所収。フランス国立図書館（パリ）蔵。
123下●「円柱を持ち上げる起重機」，マリアーノ・タッコラ著『器械について』（Ms. lat. 7239）所収。フランス国立図書館（パリ）蔵。
124●「可動式の屏風状楯の製作」，セバスチャン・マムロ著『フランス人がトルコ人，サラセン人，ムー

出典(図版)

ア人から身を守るために海外に造った通り道」(Ms. fr. 5594) 所収。フランス国立図書館 (パリ) 蔵。
124-125◉「木の棒に穴を開ける器械」, コンラート・キーザー・フォン・アイヒシュテット著『ベリフォルティス』(Ms. 2259) 所収。ストラスブール国立大学図書館蔵。
125◉「バベルの塔の建設」(Cod. bibl. 2°5)。ヴュルテンベルク州立図書館 (シュトゥットガルト) 蔵。
126◉「バベルの塔の建設」,『世界年代記』(Cod. germ. 5) 所収。バイエルン国立図書館 (ミュンヘン) 蔵。
127左◉ソールズベリ大聖堂の屋根組みの中のかご型回転子。
127右◉「バベルの塔の建設」, ジェラール・オランブー著『『スピノラ』祈祷書』(Ms. Ludwig IX-18)所収。J・ポール・ゲティ美術館 (マリブ) 蔵。
128-129◉「大聖堂の建設現場」, フィリップ・フィックス画。
130-131◉「教会の建設」, ヴァンサン・ド・ボーヴェ著『歴史の鏡』(Ms. fr. 50) 所収。フランス国立図書館 (パリ) 蔵。
131◉「修道院の創建」, ジャン・ド・タヴェルニエ著『シャルルマーニュ征服年代記』(Ms. 9068) 所収。アルベール1世王立図書館 (ブリュッセル) 蔵。
132◉「建設現場の風景」(Ms. fr. 638)。ピアポント・モーガン図書館 (ニューヨーク) 蔵。

【資料篇】

133◉同じ縮尺のカンブロンヌ教会とボーヴェ大聖堂とグランダルシュ。
134◉「ソロモンの歴史, 教会の建設」,『教訓付聖書』(Cod. 2554) 所収。オーストリア国立図書館 (ウィーン) 蔵。
135◉「ローマを建設するロムルス」(Ms. fr. 137)。フランス国立図書館(パリ)蔵。
136◉「エスリンゲン施療院の教会内陣のデッサン」(Inv. 16829), ハンス・ベーブリンガー画, デッサン。ウィーン造形芸術アカデミー蔵。
137◉コンスタンツ大聖堂のらせん階段の立面図 (Inv. 17028), デッサン。ウィーン造形芸術アカデミー蔵。
140◉サン=ジャック=オ=ペルラン施療院の回廊入口の門の立面図, デッサン。児童養護施設資料館(パリ)蔵。
141◉ストラスブールの石工の工房の印章, 1524年。デュ・コロンビエによるスケッチ。
142◉「バビロンの建設」, サン=トーギュスタン著『神の国』(Ms. 523) 所収。ストラスブール国立大学図書館蔵。
143◉「れんがによる教会の建設」,『エノー年代記』(Ms. 9243) 所収。アルベール1世王立図書館 (ブリュッセル) 蔵。
145◉「トロイの建設」(Ms. fr. 782)。フランス国立図書館 (パリ) 蔵。
147◉「建設現場における事故」(Ms. 1-1-2)。スコットランド国立図書館 (エディンバラ) 蔵。
148◉「れんがの製造」,『ユトレヒト聖書』(Ms. add. 38122)所収。大英図書館(ロンドン) 蔵。
149◉「1191年ベルンの建設」, ディーボルト・シリング著『ベルン年代記』もしくは『シュピーツ年代記』(Ms. Hist. helv. I-16) 所収。ベルン市民図書館蔵。
150◉「ガラスの製造」(Ms. 24189)。大英図書館 (ロンドン) 蔵。
155◉イーリー大聖堂 (イーリー) の8角形の採光塔の骨組みの模型。F・H・クロスリー撮影。
159◉アッピア街道から見たクィンティリ家の邸宅 (ローマ)。
160◉聖ヴィート大聖堂(プラハ)。
163◉カンタベリ大聖堂。
165◉シャルトル大聖堂の飛び梁。
166,168◉爆撃を受けたランス大聖堂 (1917年)。
170◉第一次世界大戦前のランス大聖堂の正面, 写真。個人蔵。
172◉「支柱を傾けて荷を下ろす起重機」, マリアーノ・タッコラ著『器械について』(Ms. lat. 7239) 所収。フランス国立図書館(パリ) 蔵。
173◉「建設用起重機」, マリアーノ・タッコラ著『器械について』(Ms. lat. 7239) 所収。フランス国立図書館 (パリ) 蔵。
174◉トロネ修道院 (ヴァール県) の回廊。
177◉パリのノートルダム大聖堂の南西塔の南正面の図面。歴史的建造物保護事務局建築主任ベルナール・フォンケルニー蔵。
178◉パリのノートルダム大聖堂の南塔の扶壁の劣化状態 (1988年)。歴史的建造物保護事務局建築主任ベルナール・フォンケルニー撮影。
179◉パリのノートルダム大聖堂の修復作業(1992年)において, 再び化粧仕上げを施した石材が設置された南塔の扶壁。ケラン撮影。

参考文献

ジャン・ジェンペル『カテドラルを建てた人々』飯田喜四郎訳，鹿島出版会，1978

デビッド・マコーレイ『カテドラル—最も美しい大聖堂のできあがるまで』飯田喜四郎訳 岩波書店，1979

オットー・フォン・ジムソン『ゴシックの大聖堂—ゴシック建築の起源と中世の秩序概念』前川道郎訳 みすず書房，1985

馬杉宗夫『大聖堂のコスモロジー—中世の聖なる空間を読む』講談社現代新書，1992

ハンス・ヤンツェン『ゴシックの芸術—大聖堂の形と空間』前川道郎訳 中央公論美術出版，1999

佐藤達生，木俣元一『図説 大聖堂物語—ゴシックの建築と美術』河出書房新社（ふくろうの本），2000

酒井健『ゴシックとは何か—大聖堂の精神史』講談社現代新書，2000

アンリ・スティルラン『世界の大聖堂・寺院・モスク』森山 隆訳 創元社（空から見る驚異の歴史シリーズ），2006

CRÉDITS PHOTOGRAPHIQUES

Jean-Pierre Adam 109, 159. Aerofilms Ltd, Londres 63. Akademie der Bildenden Künste, Vienne 136, 137. Archives municipales de Strasbourg/E. Laemmel 44, 79d. Baumgardt Grossfotos/Stuttgart 125. Bayerische Staatsbibliothek, Munich 107, 126. Bibliothèque municipale, Chartres 49. Bibliothèque municipale, Dijon 54b. Bibliothèque municipale, Rouen 25. Bibliothèque nationale et universitaire, Strasbourg 124/125, 142. Bibliothèque royale Albert Ier, Bruxelles 4e plat, 46h, 131, 143. Bildarchiv Preußischer Kulturbesitz, Berlin 92. Bibliothèque nationale, Paris dos, 18/19, 22b, 23, 27, 29, 32, 34/35, 38, 38/39, 62h, 72/73, 87, 88, 88/89, 90, 91d, 94, 101, 102, 106, 119, 122, 123h, 123b, 124, 130/131, 135, 145, 172, 173. Bodleian Library, Oxford 48. British Library, Londres 42, 42/43, 46b, 75, 95, 108b, 111, 118/119, 148, 150. Burgerbibliothek, Berne 114/117, 149. J.-L. Charmet, Paris 110d. C.N.M.H.S./©Spadem 1993, Paris 106/107, 166, 168 ; B. Acloque 66/67 ; E. Revault 103, 174 ; Caroline Rose 120 ; Jean Feuillie 72, 100b. Conway Library/Courtauld Institute of Art, Londres, avec l'autorisation de Canon M. H. Ridgway 96d, 155. Conway Library/Courtauld Institute of Art, Londres 24/25. DIAF, Paris/B. Régent 68d ; H. Gyssels et J.C. Pratt-D. Pries 52/53 ; H. Gyssels 50/51 ; J. Ch. Pratt-D. Pries, 60, 65d : J. P. Langeland 41. Droits réservés 18, 20/21, 30/31, 35, 39, 43, 65g, 68g, 69, 70g, 71h, 71b, 82h, 84, 89, 91g, 98, 100h, 105g, 110g, 121, 133, 140, 141, 170, 177, 178. E. Fievet, Chartres 69. Philippe Fix 128/129. Gallimard 36g, 37d, 37g, 51. Gallimard/Belzeaux 58. Gallimard/Christian Kempf 5 à 13, 74. Gallimard/Erich Lessing 61, 86, 160, 165. Gallimard/Françis Delebecque 50g, 64. Gallimard/Jean Bernard 32/33, 47, 56g, 59. Gallimard/Patrick Horvais 82b. Gallimard/Patrick Mérienne 22h. Germanisches National Museum, Nuremberg 73b, 50h, 51, 101d, 104h. Gesamthochschul-Bibliothek, Kassel 1er plat, 100. Giraudon, Paris 26/27. Julia Hedgecoe, Cambridge 93. Ch. Hémon/Musées déartementaux de Loire-Atlantique/Musée Dobrée, Nantes 62b. A. F. Kersting, Londres 96g, 97, 99, 127g, 163. Magnum/Erich Lessing, Paris 34, 70d. Jean Mesqui 26, 28/29b. Musée des Augustins, Toulouse 78. Musée des Beaux-Arts, Rouen 76. Musée royal des Beaux-Arts, Anvers 36d. Musées de la ville de Strasbourg 79g, 80/81. National Library of Scotland, Edimbourg 147. Royal Commission on the Ancient and Historical Monuments of Scotland, Edimbourg 83. Oronoz, Madrid 56d, 57. sterreichische Nationalbibliothek, Vienne 16, 112/113, 134. J. Philippot/Inventaire général, Châlons-sur-Marne 40/41. Photothèque des Musées de la Ville de Paris/© Spadem 1993 28/29h. Royal Commission on Historical Monuments, Londres 85. C. Seltrecht/Bibliothèque de l'Abbaye de Saint-Gall 17. Stadt Regensburg Museen, Ratisbonne 77h. The J. Paul Getty Museum, Malibu 15, 127d. The Pierpont Morgan Library, New York 132. Trinity College Library, Cambridge 30.

［著者］アラン・エルランド＝ブランダンブルグ
国立古文書学校卒。国立ルネサンス美術館の主任学芸員としてその創設に携わるほか，フランス国立美術館連合委員長補佐（1987～1991），国立中世美術館学芸員長を歴任，現在，高等研究実践学院研究指導教授，古文書学校芸術史教授，国立古文書館事務局長を務めている。多くの著作があるが，なかでも新たな見解に基づく芸術史を提示した『大聖堂』（ファイヤール社，1989年）は国際的に高い評価を得た。フランス古文書学会会長でもある。

［監修者］池上俊一《いけがみしゅんいち》
1956年愛知県生まれ。東京大学院総合文化研究科教授。専攻は西洋中世史。東京大学大学人文科学研究科博士課程中退。86～88年フランス国立社会科学高等研究院に留学，研究に従事する。主な著書に『動物裁判』（講談社現代新書），『歴史としての身体』（柏書房），『シエナ―夢見るゴシック都市』（中公新書），『ロマネスク世界論』，『ヨーロッパ中世の宗教運動』（ともに名古屋大学出版会），監修に『魔女狩り』，『暦の歴史』，『死の歴史』など（ともに創元社）など，多数。

［訳者］山田美明《やまだよしあき》
1968年生まれ。東京外国語大学英米学科中退。仏語・英語翻訳家。訳書に『紙の歴史』，『ロートレック』（ともに創元社），『ダ・ヴィンチ物語』（英知出版）など多数。

「知の再発見」双書136
大聖堂ものがたり―聖なる建築物をつくった人々

2008年3月10日第1版第1刷発行

著者	アラン・エルランド＝ブランダンブルグ
監修者	池上俊一
訳者	山田美明
発行者	矢部敬一
発行所	株式会社 創元社 本　社❖大阪市中央区淡路町4-3-6 TEL(06)6231-9010㈹ FAX(06)6233-3111 URL❖http://www.sogensha.co.jp/ 東京支店❖東京都新宿区神楽坂4-3煉瓦塔ビル TEL(03)3269-1051㈹
造本装幀	戸田ツトム
印刷所	図書印刷株式会社

落丁・乱丁はお取替えいたします。
Printed in Japan©2008　ISBN 978-4-422-21196-1